FP技能検定 ＜学科試験＞
3級完全攻略問題集

井上行忠・森谷智子・酒井翔子 [著]

創 成 社

はしがき

　本書は，(一般社団法人) 金融財政事情研究会と (NPO法人) 日本FP協会が実施する国家試験「3級ファイナンシャル・プランニング技能士」(3級FP技能士) のFP技能検定3級 (学科試験) の過去4回の試験問題を分析し，効率的に試験問題の傾向と対策に取り組めるように内容を構成しており，詳細な解答・解説を行い作成されています。

　本書は，FP技能検定試験をはじめて学ぶ初学者および経験者が合格点を取るために必要最低限の重要事項を簡潔に説明した問題集です。FP技能検定3級試験は，重要事項が毎回同様のパターンで出題される傾向があるため，過去問題を数多く解答することによって重要事項である内容を網羅することができます。

　資格取得にとって重要なことは，反復練習により試験問題を「出題内容を読みとる」，「問題を整理する」，「計算を正確に行う」ためのトレーニングを積み重ねることです。数多くの問題を解答し慣れることが合格への近道となります。初学者および経験者にとって，本書が有効に活用され，国家試験合格へのパスポートを手に入れることを心よりお祈り申し上げます。

　本書の上梓に際しては，(株) 創成社社長の塚田尚寛氏のご厚情，編集・校正でお世話になった出版部の方々のご厚情に対して謝意を表したい。

2016年4月

井上行忠

目　次

はしがき

第1章　ライフプランニングと資金計画／相続・事業承継 —— 1
　第1回（2016年1月実施） ……………………………………………… 2
　第2回（2015年9月実施） ……………………………………………… 10
　第3回（2015年5月実施） ……………………………………………… 18
　第4回（2015年1月実施） ……………………………………………… 26

第2章　リスク管理／金融資産運用 —— 35
　第1回（2016年1月実施） ……………………………………………… 36
　第2回（2015年9月実施） ……………………………………………… 46
　第3回（2015年5月実施） ……………………………………………… 54
　第4回（2015年1月実施） ……………………………………………… 62

第3章　タックスプランニング／不動産 —— 71
　第1回（2016年1月実施） ……………………………………………… 72
　第2回（2015年9月実施） ……………………………………………… 80
　第3回（2015年5月実施） ……………………………………………… 90
　第4回（2015年1月実施） ……………………………………………… 98

第1章

ライフプランニングと資金計画／相続・事業承継

第1回 問題 (2016年1月実施)

（1）保険業法上，生命保険募集人の登録を受けていないファイナンシャル・プランナーが，ライフプランの相談に来た顧客に対し，生命保険商品の商品性を説明することは，禁止されていない。

（2）長期固定金利住宅ローンのフラット35（買取型）を利用するためには，購入する住宅が中古マンションである場合に限り，住宅金融支援機構が定める技術基準に適合していることを示す適合証明書を取得する必要がある。

（3）健康保険の被保険者であるAさん（69歳）は，70歳になると健康保険の被保険者資格を喪失し，後期高齢者医療制度の被保険者となる。

（4）介護保険法において，予防給付を受けようとする被保険者は，要支援者に該当することおよびその該当する要支援状態区分について，市町村または特別区の認定を受けなければならない。

（5）国民年金の付加年金の額は，400円に付加保険料に係る保険料納付済期間の月数を乗じて得た額である。

（6）養子縁組（特別養子縁組ではない）によって養子となった者は，養親の嫡出子として扱われ，養子縁組の成立と同時に，実方の父母との法律上の親族関係は終了する。

第1回 解答・解説

(1) ○　保険募集人でない FP は，保険の**募集・勧誘・販売**を行うことはできない。しかし，保険商品の**説明**や**見直し**等の**相談に応じる**ことは可能である。

(2) ×　条件を満たせば中古住宅も**対象**となる。条件は，(1) 購入価額が **1 億円以下**（消費税を含む），(2) 借入申込日において築後年数が **2 年を超えている住宅またはすでに人が住んだことのある住宅**である。

(3) ×　健康保険の被保険者は，**75 歳**になると，加入していた**健康保険**や**国民健康保険**から脱退し，新たに**後期高齢者医療制度**に加入することになる。

(4) ○　介護保険の被保険者は，**65 歳以上**の者（第 1 号被保険者）と **40 歳以上 65 歳未満**の公的医療保険加入者（第 2 号被保険者）である。

(5) ×　付加年金の保険料は毎月 **400 円**である。付加年金の計算は，保険料納付月数× **200 円**であり，付加年金として加算される。

(6) ×　普通養子縁組は，両方の親族関係が**存続**する制度である。特別養子縁組とは，実の父母との親族関係が終了し，**養親のみが父母**となる制度である。

（7）配偶者から居住用不動産の贈与を受け，贈与税の配偶者控除の適用を受けた場合（当該居住用不動産以外の贈与はない），贈与税の課税価格から基礎控除額と合わせて最高2,110万円を控除することができる。

（8）公正証書遺言は，遺言者が遺言の趣旨を公証人に口授し，公証人がそれを筆記して作成される遺言で，作成時に証人2人以上の立会いが必要である。

（9）相続人は，自己のために相続の開始があったことを知った時から4カ月以内に，相続について，単純もしくは限定の承認または放棄をしなければならない。

（10）被相続人の孫（代襲相続人ではない）が遺贈により不動産を取得した場合，その孫は，相続税額の2割加算の対象者となる。

（11）利率（年率）3％の複利で6年間にわたって毎年40万円を返済する計画により，自動車ローンを組む場合，借入可能額は，（　　　）となる。なお，計算にあたっては下記の〈資料〉を利用するものとする。

〈資料〉利率（年率）3％・期間6年の各種係数

年金現価係数	年金終価係数	終価係数
5.4172	6.4684	1.1941

1）2,166,880円
2）2,587,360円
3）2,865,840円

(7) ○　婚姻期間が **20 年以上**の夫婦間で，国内にある居住用不動産，当該敷地または居住用不動産の購入資金の贈与があった場合には，基礎控除額 **110 万円**と合わせて最高 **2,110 万円**を課税価格から控除できる。

(8) ○　自筆証書遺言とは，本人が**全文**，**日付**，**氏名を自書し押印**する。秘密証書遺言とは，**本人が作成して署名押印して封印**し，公証人の前で本人が**住所**，**氏名**を記入し，公証人が**日付**を記入する。

(9) ×　単純承認は，**3 カ月以内**に相続の放棄や限定承認をしなければ，単純承認したことになる。限定承認と放棄は，相続の開始があったことを知った日から **3 カ月以内**に申述書を提出する。

(10) ○　相続または遺贈により財産を取得した者が，被相続人の**兄弟姉妹**などの場合には，相続税額が **2 割加算**となる。子の**代襲相続人（孫）**は，2 割加算の対象にならない。

(11) 1）　毎年 40 万円の返済計画の場合の計算は，40 万円 × 5.4172（**年金現価係数**）＝ 2,166,800 円となる。

(12) Aさんの年収が900万円で，下記の〈資料〉の支出等がある場合，Aさんのライフプランニング上の可処分所得の金額は，（　　　）である。

〈資料〉Aさんの支出等

所得税	住民税	社会保険料	生命保険料	火災保険料	ローン返済額
50万円	35万円	100万円	40万円	5万円	90万円

1) 580万円　　2) 625万円　　3) 715万円

(13) 日本政策金融公庫の教育一般貸付の融資限度額は，所定の海外留学資金として利用する場合を除き，進学・在学する子1人につき（　　　）である。

1) 300万円　　2) 350万円　　3) 450万円

(14) 健康保険の被保険者（任意継続被保険者を除く）が業務外の事由による負傷または疾病の療養のため仕事を（　①　）以上休み，休業した期間について報酬を受けられなかった場合，傷病手当金が，（　①　）目以降の労務に服することができない日から（　②　）を限度として支給される。

1) ①　4日　　②　1年6カ月　　2) ①　7日　　②　1年6カ月
3) ①　7日　　②　150日

(15) 65歳到達時に老齢基礎年金の受給資格期間を満たしている者が，68歳到達日に老齢基礎年金の繰下げ支給の申出をした場合の老齢基礎年金の増額率は，（　　　）となる。

1) 10.8%　　2) 18.0%　　3) 25.2%

(16) 遺留分算定の基礎となる財産の価額が1億8,000万円で，相続人が配偶者と子の合計2人である場合，子の遺留分の金額は，（　　　）となる。

1) 4,500万円　　2) 6,000万円　　3) 9,000万円

(12) 3） 可処分所得の計算は，**年収**（900万円）－（**所得税** 50万円＋**住民税** 35万円＋**社会保険料** 100万円）＝715万円である。

(13) 2） 日本政策金融公庫が行う教育ローンは，学生1人（**350万円**），金利（**固定金利**），返済期間（**原則，15年以内**）である。

(14) 1） 傷病手当金は，休業**4日目以降**から，標準報酬日額の**3分の2**に相当する額が**1年6カ月**を限度として支給される。

(15) 3） 繰下げ受給（66歳から70歳までに受取りを開始）の場合は，年金額は（**68歳－65歳**）× **12カ月** × **0.7%** ＝ 0.252（25.2%）が**増額**となる。

(16) 1） 遺留分で相続できる割合は，(1) 配偶者だけまたは子だけまたは配偶者と子の場合は財産の**2分の1**×**法定相続分**，(2) 直系尊属（父母）だけが相続人である場合は財産の**3分の1**×**法定相続分**となる。

(17) 平成27年中に開始する相続において，相続税額の計算における遺産に係る基礎控除額は，「（ ① ）＋（ ② ）× 法定相続人の数」の算式により求められる。

　　1) ① 2,500万円　② 500万円　　2) ① 3,000万円　② 600万円
　　3) ① 5,000万円　② 1,000万円

(18) 相続財産の評価において，相続開始時に保険事故が発生していない生命保険契約に関する権利の価額は，原則として，（　　）の額によって評価する。

　　1) 解約返戻金　　2) 既払込保険料相当額　　3) 死亡保険金

(19) 自用地としての価額が1億円の宅地に賃貸マンションを建築し，貸家建付地として借地権割合が60%，借家権割合が30%，賃貸割合が100%とすると，当該宅地の相続税評価額は，（　　）となる。

　　1) 1億円 × 60% × 30% × 100% ＝ 1,800万円
　　2) 1億円 ×（1 － 60%）＝ 4,000万円
　　3) 1億円 ×（1 － 60% × 30% × 100%）＝ 8,200万円

(20) 平成27年中に開始する相続において，「小規模宅地等についての相続税の課税価格の計算の特例」により，特定居住用宅地等に係る本特例の適用対象面積は，（　　）までの部分である。

　　1) 240 m² 　　2) 330 m² 　　3) 400 m²

(17) 2） 基礎控除額は「3,000万円＋（600万円×法定相続人の数）」により計算する。法定相続人の数には相続放棄者も含まれる。

(18) 1） 生命保険契約に関する権利の評価は，原則，課税時期の**解約返戻金相当額**となる。「生命保険契約に関する権利」とは，**父＝契約者**（保険料負担者），**子＝被保険者**の場合等である。

(19) 3） 貸家建付地の評価額の計算は，自用地評価額（1億円）×（**1－借地権割合（60％）×借家権割合（30％）×賃貸割合（100％）**）＝8,200万円である。

(20) 2） 特定居住用宅地等の対象面積 **330m²**，減額割合 **80％**，特定事業用宅地等の対象面積 **400m²**，減額割合 **80％**，である。

第2回 問題 (2015年9月実施)

（1）弁護士資格を有しないファイナンシャル・プランナーは，業として，報酬を得る目的により，顧客を代理して顧客の遺産分割調停手続を行うことができない。

（2）健康保険に任意継続被保険者として加入することができる期間は，最長で2年である。

（3）老齢基礎年金を繰り下げて受給する場合，繰下げによる加算額を算出する際の増額率の最高は，30％である。

（4）遺族基礎年金を受給することができる遺族は，国民年金の被保険者等の死亡の当時，その者によって生計を維持され，かつ，所定の要件を満たす妻および子に限られる。

（5）遺言は，遺言者の死亡の時からその効力を生ずる。

（6）遺留分権利者は，被相続人の配偶者と直系卑属に限られる。

第2回 解答・解説

（1）○　FPができる業務は、遺産や相続についての**一般的**な相談であり、訴訟の代理や**具体的**な法律相談・事務はできない。

（2）○　会社員の場合、退職後は**任意継続被保険者**として引き続き勤めていた会社の健康保険の被保険者となる選択ができる。加入資格は健康保険の被保険者期間が継続して**2カ月以上**ある者。保険料は**全額自己負担**であり、退職日の翌日から**20日以内**に申請し、加入期間は**2年間**である。

（3）×　5年間繰り下げた場合、**42%**（5年×12カ月×0.7%）年金が増額となる。5年間繰り上げた場合、**30%**（5年×12カ月×0.5%）年金が減額となる。

（4）×　受給対象者（遺族）は、子（18歳の3月末日まで）のある配偶者（**夫または妻**）である。

（5）○　遺言とは、遺言者の**死亡と同時**に効力が発生する法律行為である。遺言は、**満15歳以上**で意思能力を有する者であれば可能である。

（6）×　遺留分権利者の範囲および割合は**配偶者2分の1、子**（代襲相続人を含む）**2分の1、直系尊属3分の1**である。

（7）相続税の課税価格の計算上，相続人が負担した葬式の際の香典返戻費用は，債務控除（相続財産の価額から控除することができる債務および葬式費用）の対象となる。

（8）相続税において，貸家の敷地の用に供されている宅地（貸家建付地）の価額は，「自用地としての評価額×（1－借地権割合×借家権割合×賃貸割合）」の算式により評価する。

（9）類似業種比準価額の比準要素は，1株当たりの配当金額，年利益金額および純資産価額（帳簿価額によって計算した金額）である。

（10）元金1,000万円を，利率（年率）1％で複利運用しながら10年にわたって毎年均等に取り崩して受け取る場合，毎年の受取金額は，下記〈資料〉の係数を使用して算出すると（　　　）となる。

〈資料〉利率（年率）1％・期間10年の各種係数

終価係数	減債基金係数	資本回収係数
1.1046	0.0956	0.1056

1）956,000円
2）1,056,000円
3）1,104,600円

（11）フラット35（買取型）において，融資率（フラット35の借入額÷住宅の建設費または購入価額）が（　　　）を超える場合は，融資率が（　　　）以下の場合と比較して，通常，借入額全体の金利が高く設定されている。
　　1）70％　　2）80％　　3）90％

（7）×　債務控除できない葬儀費用は，**香典返戻費用**，**法要費用（初七日，四十九日等）**である。

（8）○　借地権（普通借地権）の評価額は，**(自用地評価額×借地権割合)**。貸宅地（底地）の評価額は**(自用地評価額×(1－借地権割合))**。

（9）○　類似業種比準方式とは，事業内容が類似する上場会社の株価をベースに1株当たりの**配当金額**，**年利益金額**および**純資産価額**により評価する方法である。

（10）2)　資本回収係数とは，元金を複利運用しながら**毎年一定金額を受け取る**場合，毎年いくら受け取れるかを計算する。1,000万円×0.1056＝105.6万円。

（11）3)　融資金額は，100万円以上**8,000万円以下**で，建設費または購入価額の100％以内である。融資率が90％を超える場合は，融資率90％以下と比較して，借入額全体の金利が一定程度高く設定される。

(12) 独立行政法人日本学生支援機構が取り扱う奨学金制度には，（ ① ）第一種奨学金と，（ ② ）第二種奨学金がある。
　　1）① 利息付（在学中は無利息）の　　② 無利息の
　　2）① 無利息の　　　　　　　　　　　② 利息付（在学中は無利息）の
　　3）① 返済義務のない　　　　　　　　② 無利息の

(13) 全国健康保険協会管掌健康保険の被保険者に支給される傷病手当金の額は，1日につき，原則として，当該被保険者の標準報酬日額の（　　）相当額である。
　　1）3分の1　　　2）3分の2　　　3）4分の3

(14) 遺族厚生年金の年金額（中高齢寡婦加算等を考慮しない）は，原則として，死亡した者の厚生年金保険の被保険者期間を基礎として計算した老齢厚生年金の報酬比例部分の額の（　　）相当額である。
　　1）3分の1　　　2）3分の2　　　3）4分の3

(15) 相続時精算課税の適用を受けた場合，特定贈与者ごとに特別控除額として累計（ ① ）までの贈与には贈与税が課されず，それを超えた贈与額に対しては一律（ ② ）の税率を乗じて贈与税額が算出される。
　　1）① 1,000万円　　② 10%　　2）① 2,500万円　　② 10%
　　3）① 2,500万円　　② 20%

(12) 2) 奨学金制度は**親の年収**や**本人の学力**によって第一種か第二種に判定される。第一種は**無利子**であり，第二種は**有利子**である。

(13) 2) 傷病手当金は，同じ病気やけがで仕事を連続して**3日以上休み**，給料が支給されない場合に，標準報酬日額の**3分の2**が**休業4日目**から**最長1年6カ月**給付される。

(14) 3) 遺族厚生年金の年金額は，被保険者の死亡時点で計算した報酬比例部分の額の**4分の3**相当額である。

(15) 3) 相続時精算課税制度とは，1組の贈与者と受贈者につき**累計2,500万円**までは，非課税となり，2,500万円を超える部分には**20%の贈与税**が課される。

(16) 下記の〈親族関係図〉において，Aさんの相続における弟Cさんの法定相続分は，(　　　)である。

〈親族関係図〉

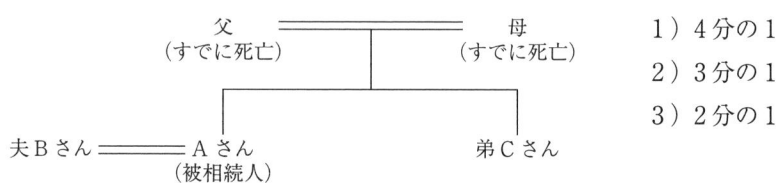

1）4分の1
2）3分の1
3）2分の1

(17) 相続の放棄をするには，自己のために相続の開始があったことを知った時から原則として（　　　）以内に，家庭裁判所にその旨を申述しなければならない。

1）1カ月　　2）3カ月　　3）6カ月

(18) 相続税の計算において，生命保険金の非課税限度額は，「（　①　）×法定相続人の数」の算式により算出するが，相続人に相続の放棄をした者がいた場合，当該法定相続人の数は，（　②　）ものとしたときの相続人の数とされる。

1）①　500万円　　②　その放棄がなかった
2）①　500万円　　②　初めから相続人とならなかった
3）①　600万円　　②　初めから相続人とならなかった

(19) 相続人が相続により取得した宅地が「小規模宅地等についての相続税の課税価格の計算の特例」における特定事業用宅地等に該当する場合，（　①　）を限度面積として評価額の（　②　）を減額することができる。

1）①　200m²　　②　80％　　2）①　400m²　　②　50％
3）①　400m²　　②　80％

(16) 1) 相続の順位は，(1) **配偶者**は常に相続人，(2) 第1順位 **子**（養子，非嫡出子を含む），(3) 第2順位 **直系尊属**（父母，祖父母），(4) 第3順位 **兄弟姉妹**である。相続割合は配偶者と子の場合は，配偶者2分の1，子2分の1。配偶者と直系尊属の場合は，配偶者3分の2，直系尊属3分の1。配偶者と兄弟姉妹の場合は，配偶者4分の3，兄弟姉妹4分の1。

(17) 2) 相続の放棄は，相続の開始があったことを知った日から**3カ月以内**に家庭裁判所へ相続の放棄の申述書を提出しなければならない。放棄は**単独**でもできる。

(18) 1) 死亡保険金の非課税金額は（**500万円×法定相続人の数**）である。法定相続人の数は，**放棄**はなかったものとして数える。養子の数は実子がいる場合は**1人**まで，実子がいない場合は**2人**までが法定相続人となる。特別養子縁組の場合は**実子**として扱う。

(19) 3) 小規模宅地等の対象面積と減額割合は，(1) 特定居住用宅地等は 330m^2，80％，(2) 特定事業用宅地等は，400m^2，80％，(3) 貸付事業用宅地等は，200m^2，50％である。

第3回 問題 (2015年5月実施)

（1）税理士資格を有しないファイナンシャル・プランナーは，有償・無償を問わず，税理士法に規定された税理士業務を行ってはならない。

（2）国民年金の学生納付特例期間は，その期間に係る保険料の追納がない場合，老齢基礎年金の受給資格期間には算入されるが，老齢基礎年金の額には反映されない。

（3）国民年金基金の掛金は，その全額が社会保険料控除として所得控除の対象となる。

（4）障害等級1級に該当する者に支給される障害基礎年金の額は，障害等級2級に該当する者に支給される障害基礎年金の額の1.5倍に相当する額である。

（5）相続税の「遺産に係る基礎控除額」を計算する際の法定相続人の数は，相続人のうちに相続を放棄した者がいる場合，その放棄がなかったものとしたときの相続人の数となる。

（6）「配偶者に対する相続税額の軽減」の適用を受けるためには，相続税の申告書を提出しなければならない。

第3回 解答・解説

(1) ○　税理士の資格を持たないFPは，**一般的**な税金の説明を行うことは可能であるが，**有償・無償**を問わず，個別の**具体的**な税務相談や税務書類の作成を行ってはならない。

(2) ○　学生納付特例制度は**20歳以上の学生**が対象であり，受給資格期間には反映される。また，追納期間は**過去10年分**の追納は可能であるが，追納しなければ年金の額は**増えない**。

(3) ○　自営業者の国民年金基金は，加入は**任意**であり，掛金は**全額**社会保険料控除の対象となる。国民年金基金に加入すると国民年金の**付加年金**には加入できない。

(4) ×　障害基礎年金の年金額は，2級（**78万100円**＋子の加算）であり，1級は2級の額（78万100円）×**1.25倍**＋子の加算である。

(5) ○　相続税の基礎控除額は，**3,000万円＋（600万円×法定相続人の数）**により算出する。法定相続人の数には**相続放棄者も含まれる**。

(6) ○　税額控除によって納付税額がゼロになっても**申告は必要**である。被相続人の配偶者が実際に取得した財産が**1億6,000万円**までか，それを超えても法定相続分相当額（子がいる場合は**2分の1**）までは，相続税は課税されない。

（7）被相続人の兄弟姉妹が相続により財産を取得した場合，その兄弟姉妹は，いわゆる相続税額の2割加算の対象者となる。

（8）贈与税の納付は，金銭での一括納付のほか，延納または物納によることが認められている。

（9）父から贈与を受け相続時精算課税の適用を受けた場合，以後，父からの贈与について暦年課税に変更することはできない。

（10）利率（年率）2％で複利運用しながら毎年一定額を積み立て，15年後に6,000,000円を準備する場合，毎年の積立金額は，下記〈資料〉の係数を使用して算出すると（　　　）となる。

〈資料〉利率（年率）2％・期間15年の各種係数

現価係数	資本回収係数	減債基金係数
0.7430	0.0778	0.0578

1）297,200円
2）346,800円
3）466,800円

（11）全国健康保険協会管掌健康保険の被保険者に支給される傷病手当金の額は，1日につき，原則として，当該被保険者の標準報酬日額の（　　　）に相当する額である。

　　1）3分の1　　　2）3分の2　　　3）4分の3

（12）老齢厚生年金に加給年金額が加算されるためには，受給権者自身に厚生年金保険の被保険者期間が原則として（　　　）以上なければならない。

　　1）10年　　　2）20年　　　3）25年

(7) ○　兄弟姉妹は相続税が **20%（2割）加算**される。なお，子の代襲相続人（孫）の場合は 20%（2割）加算の**対象とならない**。

(8) ×　贈与税の納付は，最長 **5年の延納**は認められるが，物納による納付は**認められない**。

(9) ○　受贈者は，贈与を受けた**翌年2月1日から3月15日**までに，相続時精算課税届出書を提出する。一度選択すると暦年課税に**変更や取消はできない**。

(10) 2）　減債基金係数とは，元本を複利運用しながら**一定期間後**に**目標額**を受け取るために必要な**毎年の積立額**を計算する。600万円 × 0.0578 = 34.68万円。

(11) 2）　標準報酬日額の **3分の2** が休業 **4日目**から給付される。標準報酬日額とは，標準報酬月額（4月～6月の給与の平均）を 30 日で割った額である。

(12) 2）　加給年金は，「特別支給の老齢厚生年金」の定額部分の支給開始時期から**配偶者が 65 歳**になるまで支給される。受給要件は，加入期間が**原則 20 年以上**ある者が対象となり，扶養している **65 歳未満の配偶者や子**がいることである。

(13) 住宅ローンのフラット35（買取型）の融資金額は、100万円以上（　　）以下で、建設費または購入価額（非住宅部分に関するものを除く）以内とされている。

　　1）5,000万円　　2）6,000万円　　3）8,000万円

(14) 国が日本政策金融公庫を通じて行う「教育一般貸付（国の教育ローン）」の融資金利は（　①　）であり、返済期間は母子家庭等の場合を除き（　②　）以内となっている。

　　1）①　固定金利　②　15年　　2）①　変動金利　②　18年
　　3）①　固定金利　②　18年

(15) 下記の〈親族関係図〉において、Aさんの相続における妻Bさんの法定相続分は、（　　）である。

〈親族関係図〉

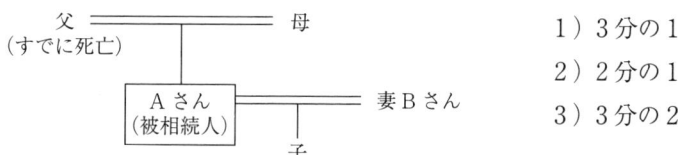

　　1）3分の1
　　2）2分の1
　　3）3分の2

(16) 公正証書遺言は、証人（　①　）以上の立会いのもと、遺言者が遺言の趣旨を公証人に口授し、公証人がそれを筆記して作成される遺言であり、相続開始後に家庭裁判所における検認手続が（　②　）である。

　　1）①　1人　②　必要　　2）①　2人　②　必要
　　3）①　2人　②　不要

(13) 3) 融資金額は，100万円以上，最高8,000万円以下である。返済期間は15年以上35年以内であり，申込み時の年齢は，原則70歳未満，金利は全期間固定金利である。

(14) 1) 教育一般貸付は，学生1人あたり350万円，金利は固定金利，返済期間は原則15年以内として，国（日本政策金融公庫）が行うものである。

(15) 2) 法定相続分は，配偶者（妻B）は2分の1，子は2分の1となる。配偶者は常に相続人となり，実子と養子および非嫡出子の相続分は同一である。また相続放棄をした場合は，最初から相続人でなかったことになる。

(16) 3) 公正証書遺言とは，本人が口述して公証人が筆記し，証人2人以上の立会いと公証人が必要となり，家庭裁判所の検認手続は不要である。

(17)「贈与税の配偶者控除」の適用を受けるためには，婚姻期間が（　　）以上である配偶者からの居住用不動産または居住用不動産を取得するための金銭の贈与でなければならない。
　　1）20年　　　2）25年　　　3）30年

(18)「直系尊属から教育資金の一括贈与を受けた場合の贈与税の非課税の特例」における非課税拠出額の限度額は，受贈者1人につき（　　）である。
　　1）1,000万円　　　2）1,500万円　　　3）2,000万円

(19)相続人が相続により取得した宅地が「小規模宅地等についての相続税の課税価格の計算の特例」における（　　）に該当する場合，200m² を限度面積として評価額の50％を減額することができる。
　　1）特定居住用宅地等　　　2）貸付事業用宅地等　　　3）特定事業用宅地等

(17) 1） 婚姻期間が 20 年以上である配偶者から，国内にある居住用不動産または居住用不動産を取得するための資金の贈与があった場合，**最高 2,000 万円**を課税価格から控除できる。贈与税額は，（課税価格 − 110 万円 − 2,000 万円）×税率−控除額（2,000 万円）となる。

(18) 2） 教育資金の一括贈与は，祖父母等の直系尊属から **30 歳未満の子や孫**が，1 人あたり **1,500 万円**（学校の場合），または **500 万円**（学校以外の塾等の場合）の贈与を受けた場合，一定額までを非課税とする制度である。

(19) 2） 貸付事業用宅地等は，対象面積 **200 m²**，減額割合 **50%** である。また，減額される金額の計算は，（その宅地等の相続税評価額× 200 m² までの部分÷その宅地等の総面積）× 50% である。

第4回 問題 (2015年1月実施)

(1) ファイナンシャル・プランナーが顧客と投資顧問契約を締結し，その契約に基づき投資助言・代理業を行うには，金融商品取引業者として内閣総理大臣の登録を受けなければならない。

(2) ライフプランニング上の可処分所得の金額は，一般に，年収から税，社会保険料ならびに生命保険料を控除して求める。

(3) 健康保険の被保険者が，同一月に同一の医療機関等で支払った一部負担金等の額が所定の限度額を超えた場合，その超えた部分の額は，所定の手続により高額療養費として支給される。

(4) 雇用保険の基本手当の原則的な受給資格要件は，離職の日以前2年間に，被保険者期間が通算して6カ月以上あることである。

(5) 老齢基礎年金を繰り下げて受給する場合，繰下げによる加算額を算出する際の増額率は，最大30％である。

(6) 書面によらない贈与は，すでに履行が終わった部分を除き，各当事者が撤回することができる。

第4回 解答・解説

(1) ◯　**金融商品取引業者（証券会社等）でないFP**は、具体的な有価証券投資の助言や代理業等を行うことはできない。**一般的**な投資判断の情報を知らせることは可能である。

(2) ×　可処分所得とは、**年収**（給与・賞与等）－（**所得税・住民税等＋社会保険料**）である。生命保険料や損害保険料は含まれない。

(3) ◯　1カ月間（**同一の月**）に負担した医療費（**同一の診療**）の**自己負担額**が一定基準を超えた場合、当該超過額が支給（高額療養費）される。

(4) ×　基本手当の受給要件は、定年や自己都合による退職の場合は、離職日**以前2年間**に被保険者期間が通算して**12カ月以上**である。また、倒産や解雇の場合は、離職日**以前1年間**に**6カ月以上**である。

(5) ×　繰下げによる加算額は、5年×12カ月×0.7％＝**42％**年金が最大増額となる。老齢基礎年金の受給要件は、**原則65歳以上**であること、および加入期間（受給資格期間）が**25年以上**（平成27年10月以降は**10年以上**）である。

(6) ◯　書面によらない贈与（口頭による贈与）は、すでに財産の引き渡しが終わったものを除き、どちらからでも贈与契約を**取り消す**ことができる。

（7）暦年課税による贈与税の計算において，同年中に父と母からそれぞれ贈与を受けた場合の基礎控除額は，220万円（110万円×2人）である。

（8）自筆証書遺言は，遺言者が，その全文，日付および氏名を自書し，これに押印して作成する遺言であり，相続開始後に，家庭裁判所における検認手続が不要である。

（9）相続税において，貸家の敷地の用に供されている宅地（貸家建付地）の価額は，「自用地としての価額×（1－借地権割合×借家権割合×賃貸割合）」の算式により評価する。

（10）相続人が複数人いる場合，相続の限定承認は，相続人全員が共同して行わなければならない。

（11）元金3,000,000円を，利率（年率）2％で複利運用しながら7年間にわたって毎年均等に取り崩して受け取る場合，毎年の受取金額は，下記の〈資料〉の係数を使用して算出すると（　　　　）となる。

〈資料〉利率（年率）2％・期間7年の各種係数

終価係数	減債基金係数	資本回収係数
1.1487	0.1345	0.1545

1）403,500円
2）463,500円
3）492,300円

（7）× 暦年課税（1月1日から12月31日）には，**110万円**（上限）の**基礎控除額**がある。贈与税額は，（贈与税の課税価格 − 110万円）×税率である。

（8）× 自筆証書遺言とは，本人が全文・日付・氏名を**自書**し押印して作成する遺言であり，**検認**（家庭裁判所の行う証拠保全の手続き）が必要である。

（9）○ 貸家建付地の評価額は，**自用地評価額×（1−借地権割合×借家権割合×賃貸割合）**による。貸家建付地とは，宅地の所有者が建物を建て，その建物を他人に貸し付けている場合の宅地である。

（10）○ 限定承認は，相続の開始を知った日から**3カ月以内**に，相続人が**全員**で共同して家庭裁判所へ，申述書を提出する。また，単純承認とは，被相続人の財産をすべて受け継ぐことである。

（11）2） 資本回収係数とは，現在の元本を複利運用しながら，**毎年一定金額を受け取る**場合の毎年の受取金額を計算する。

(12) 特別支給の老齢厚生年金（報酬比例部分）は，原則として，（　　　）4月2日以後に生まれた男性には支給されない。
　　1）昭和31年（1956年）　2）昭和33年（1958年）　3）昭和36年（1961年）

(13) 遺族厚生年金の中高齢寡婦加算の支給に係る妻の年齢要件は，夫の死亡の当時，子のない妻の場合，（　　　）65歳未満であることとされている。
　　1）35歳以上　　2）40歳以上　　3）45歳以上

(14) 長期固定金利住宅ローンのフラット35（買取型）の借入金利は，（　　　）時点の金利が適用される。
　　1）借入申込　　2）融資実行　　3）居住開始

(15) 貸金業法の総量規制により，個人が貸金業者による個人向け貸付けを利用する場合，原則として，年収の（　　　）を超える借入はできない。
　　1）3分の1　　2）4分の1　　3）5分の1

(16) 相続時精算課税を選択した場合，特定贈与者から贈与により取得した財産については，特別控除額として，贈与税の課税価格から累計（　　　）まで控除することができる。
　　1）1,500万円　　2）2,000万円　　3）2,500万円

(12) 3） 老齢厚生年金には，60歳から65歳に達するまでに支給される**特別支給の老齢厚生年金**と65歳から支給される**老齢厚生年金**がある。特別支給の老齢厚生年金は，**定額部分**と**報酬比例部分**で構成され，昭和36年4月2日（男性），昭和41年4月2日（女性）には支給されない。

(13) 2） 遺族基礎年金は，夫の死亡時に子がいない妻（40歳以上65歳未満）には支給されないため，妻が**40歳から65歳**になるまで中高齢寡婦加算が遺族厚生年金に**加算**される。

(14) 2） フラット35（買取型）は，**全期間固定金利**であり，**融資実行時点**での金利が適用される。金利は金融機関ごとに**異なる**。

(15) 1） 貸金業法の総量規制により，個人が貸金業者から無担保で借金できる金額は，原則として**年収の3分の1**までである。住宅ローンや車のローン等は除かれる。

(16) 3） 相続時精算課税の特別控除額は**累計2,500万円**である。贈与者は1月1日現在**60歳以上の父母・祖父母**であり，受贈者は1月1日現在**20歳以上の子**である**推定相続人**（代襲相続人を含む）および**20歳以上の孫**である。

(17) 下記の〈親族関係図〉において，Aさんの相続における子Bさんの法定相続分は，（　　）である。

〈親族関係図〉

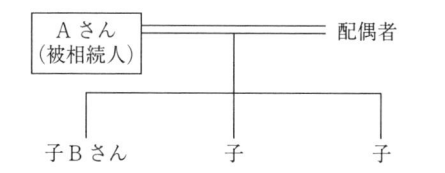

```
Aさん ──── 配偶者
(被相続人)
  │
  ├─────┬─────┐
 子Bさん  子    子
```

1）3分の1
2）4分の1
3）6分の1

(18) 相続税の申告書の提出は，原則として，その相続の開始があったことを知った日の翌日から（　　）以内にしなければならない。
　　1）3カ月　　2）6カ月　　3）10カ月

(19) 平成26年12月10日に死亡したAさんが所有していた上場株式Bの1株当たりの相続税評価額は，下記の〈資料〉によれば，（　　）である。

〈資料〉上場株式Bの価格（すべて平成26年のもの）

10月の毎日の最終価格の平均額	1,200円
11月の毎日の最終価格の平均額	1,500円
12月の毎日の最終価格の平均額	1,500円
12月10日の最終価格	1,800円

1）1,200円
2）1,500円
3）1,800円

(20) 相続人が相続により取得した宅地が「小規模宅地等についての相続税の課税価格の計算の特例」における貸付事業用宅地等に該当する場合，（　　）を限度面積として評価額の50％を減額することができる。
　　1）200m^2　　2）240m^2　　3）400m^2

(17) 3) 子Bの法定相続分は，配偶者が**2分の1**であり，残りを3人の子が相続するため，残りの2分の1×3分の1＝**6分の1**が相続分となる。

(18) 3) 相続税の申告書の提出は，**相続の開始があったことを知った日の翌日**から**10カ月以内**に被相続人の死亡時の住所地を管轄する税務署長に提出する。

(19) 1) 上場株式等の評価は，**課税時期の終値**（相続発生日の最終価格）および**課税時期以前3カ月間**の各月の終値の平均の中で**最も低い価格**で行う。

(20) 1) 貸付事業用宅地等の小規模宅地等の対象面積は**200m²**であり，減額割合は**50%**である。

第2章

リスク管理／金融資産運用

第1回 問題 (2016年1月実施)

（1）銀行の窓口において加入した個人年金保険は，生命保険契約者保護機構の保護の対象とはならない。

（2）一時払終身保険は，解約時期にかかわらず，解約返戻金が払込保険料を下回ることはない。

（3）リビング・ニーズ特約は，被保険者の余命が6カ月以内と判断された場合に，生前に特約保険金を受け取ることができる特約である。

（4）損害保険において，保険金額が保険価額を下回っている場合に，保険金額の保険価額に対する割合に応じて保険金が削減されて支払われることを比例てん補という。

（5）地震保険の保険料の割引制度には，「免震建築物割引」「耐震等級割引」「耐震診断割引」「建築年割引」の4種類の割引があり，所定の要件を満たせば，重複して適用を受けることができる。

（6）短期金融市場のうち，金融機関，事業法人や地方公共団体等が参加し，コール取引などが行われている市場をインターバンク市場という。

第1回 解答・解説

（1）✕　銀行などの窓口において加入した**個人年金保険は，生命保険および損害保険と同様に生命保険契約者保護機構の保護の対象**になる。

（2）✕　一時払終身保険は，加入した時から一定期間経過後に解約返戻金が支払った保険料を上回るものの，**解約の時期によって保険料相当額を下回る**。

（3）〇　**リビング・ニーズ特約**とは，**被保険者が余命6カ月以内と判断を受けた際**，所定の範囲内で，**死亡・高度障害保険金の一部もしくは全額を生前に受け取る**ことができるものである。

（4）〇　**保険価額**とは，保険の対象であるものの実際の評価額を金銭的に表したものである。また，**保険金額**（契約金額）とは，保険事故によって保険金が支払われる場合，保険会社が支払う保険金の限度額（補償限度額）を意味している。損害保険において，保険金額が保険価額を下回っていることを**一部保険**という。

（5）✕　**地震保険の保険料の割引制度**として，「免震建築物割引」「耐震等級割引」「耐震診断割引」「建築年割引」の4つがあげられる。これらは**重複して割引の適用を受けることはできない**。

（6）✕　短期金融市場では，**金融機関だけが参加できるインターバンク市場と金融機関および事業法人などが参加できるオープン市場**が設けられている。

（7）上場されている不動産投資信託（J-REIT）は，上場株式と同様に，成行注文や指値注文によって取引することができる。

（8）株式の投資指標の1つであるPERは，株価を1株当たり純資産で除して求められ，その株価の水準が割高かあるいは割安かを判断する指標として用いられる。

（9）為替先物予約を付さない外貨定期預金において，満期時の為替レートが預入時の為替レートに比べて円高になれば，円換算の投資利回りは向上する。

（10）金融商品取引法に規定される「適合性の原則」とは，顧客の知識，経験，財産の状況および金融商品取引契約を締結する目的に照らして不適当と認められる勧誘を行ってはならないというルールである。

（11）生命保険会社は，将来の保険金・年金・給付金等の支払に備えるために，保険料の一部などを財源として積み立てており，この準備金を（　　）という。
　1）契約者配当準備金
　2）支払準備金
　3）責任準備金

（7）○　上場している不動産投資信託（J-REIT）は，株式と同様に流通市場で売買することができる。その際，**成行注文や指値注文で売買**している。

（8）×　PER（株価収益率）とは，1株当たりの純利益と株価との関係を見たものである。PERは，株価÷1株当たりの純利益により算出される。PERの数値が低い場合には，利益を稼いでいるわりには株価が割安であることを示している。

（9）×　満期時の為替レートが預入時の為替レートと比較して**円高になった場合，為替差損が生じる**とともに，**円換算の投資利回りは低下する**ことになる。

（10）○　金融商品取引法に規定されている**「適合性の原則」**とは，顧客の知識・経験・財産状況・取引の目的を確認したうえで，**顧客に対して適当な勧誘や販売を実施する**ことを意味している。

（11）3）　保険会社が，**将来，顧客に支払う保険金・年金・給付金に備えて**，保険金の一部をその財源として積み立てる準備金を**責任準備金**という。

(12) 保険料が払い込まれずに失効した生命保険契約について，失効してから一定期間内に所定の手続を経て保険会社の承諾を得ることにより当該契約を復活する場合，復活後の保険料は（ ① ）の保険料率が適用され，失効期間中の保険料については（ ② ）。
　　1）① 失効前　　② まとめて支払わなければならない
　　2）① 復活時　　② まとめて支払わなければならない
　　3）① 復活時　　② 支払が一部免除される

(13) 医療保険等に付加される先進医療特約の対象となる先進医療とは，（　　）において厚生労働大臣が承認しているものである。
　　1）契約時
　　2）責任開始日
　　3）療養を受けた時点

(14) 地震保険料控除の控除限度額は，所得税では（ ① ），住民税では（ ② ）である。
　　1）① 4万円　　② 2万5,000円
　　2）① 5万円　　② 2万5,000円
　　3）① 5万円　　② 2万8,000円

(15) 普通傷害保険において，被保険者が（　　）により通院した場合は，通常，保険金支払の対象となる。
　　1）疲労性の腰痛
　　2）料理中の火傷
　　3）ウイルス性の食中毒

(12) 1） 生命保険を復活させる場合，その**保険料（保険料率）は失効前のも**のが**適用**される。その際，契約内容も失効前と同等である。また**失効期間中の保険料に関しては一括で支払わなければならない。**

(13) 3） 先進医療は，技術料が高額であり，なおかつ全額自己負担である。ただし，**療養を受けた日時点**において厚生労働大臣が承認している先進医療については，先進医療特約の支払対象になっている。

(14) 2） 地震保険料の控除限度額は，所得税が 50,000 円，住民税が 25,000 円として設定されている。

(15) 2） **普通傷害保険**は，国内外における急激もしくは偶然に生じた外来の事故により傷害を負った際に補償される。**被保険者が料理中の火傷によって通院した場合も補償の対象**となる。

(16) マネーストックとは，基本的に，（ ① ）が保有する（ ② ）の残高である。
　　1）①　通貨保有主体　　②　通貨量
　　2）①　金融機関　　　　②　預金量
　　3）①　国　　　　　　　②　日本銀行当座預金

(17) 3カ月満期，利率（年率）2％の定期預金に10,000,000円を預け入れた場合，3カ月を0.25年として計算すると，満期時の元利合計額は（　　　）となる。なお，税金や手数料等を考慮しないものとする。
　　1）10,050,000円
　　2）10,100,000円
　　3）10,200,000円

(18) 表面利率（クーポンレート）1％，残存期間4年の固定利付債券を，額面100円当たり99円で購入した場合の単利最終利回りは，（　　　）である。なお，答は表示単位の小数点以下第3位を四捨五入している。
　　1）1.01％
　　2）1.14％
　　3）1.26％

(19) 少額投資非課税制度により投資収益が非課税となる口座（NISA口座）内で生じた上場株式等の売買益や配当金等が非課税となる期間（非課税管理勘定の有効期間）は，そのNISA口座に上場株式等を受け入れた日の属する年の1月1日から起算して（　　　）を経過する日までとされている。
　　1）3年
　　2）4年
　　3）5年

(16) 1） **マネーストック**とは，個人や事業法人などの**通貨保有主体が保有する通貨量の残高**を指している。ただし，国や金融機関が保有する通貨量が加味されていない。

(17) 1） 10,000,000円×（1 + 0.02）= 10,200,000円（1年間）。但し，ここでは3ヶ月満期での運用であるため，3ヶ月分の利息は200,000円÷4 = 50,000円となる。したがって，満期時の元利合計額は10,050,000円となる。

(18) 3） 最終利回りは以下の式によって算出される。

$$\frac{クーポン + \dfrac{額面金額 - 買付価格}{残存期間}}{買付価格} \times 100$$

$$\frac{1 + \dfrac{100 - 99}{4}}{99} \times 100 = 1.262626$$

(19) 3） **NISA（少額投資非課税制度）**によって，株式投資等の売買益や配当金などについて非課税となる制度が導入された。ただし，**非課税となる期間は，NISA口座を活用し始めた年の1月1日から起算して5年を経過するまでの日と限定**されている。

(20) 国内の（　　）は，日本投資者保護基金の補償の対象とならない。
1) 銀行で購入した投資信託
2) 証券会社が保管の委託を受けている外国株式
3) 証券会社が保管の委託を受けている外貨建てMMF

(20) 1) 国内の**銀行で購入した投資信託は，日本投資者保護基金の補償の対象外**である。

第2回 問題 (2015年9月実施)

（1）保険業法の規定によれば，保険会社等が，保険契約者や被保険者に対して不利益となるべき事実を告げずに，すでに成立している保険契約を消滅させて，新たな保険契約の申込みをさせる行為を禁止している。

（2）払済保険とは，保険料の払込みを中止して，その時点での解約返戻金をもとに，保険金額を変えないで，一時払いの定期保険に切り換えることである。

（3）定期保険は，被保険者が保険期間中に死亡または高度障害状態になった場合に保険金が支払われ，保険期間満了時に被保険者が生存していても満期保険金は支払われない。

（4）普通傷害保険では，日本国外で発生した事故による傷害について，補償の対象とならない。

（5）リスク細分型自動車保険は，性別，年齢，運転歴，地域，使用目的，年間走行距離その他の属性によって保険料を算定するもので，一般に，保険料を比較すると，通勤使用よりもレジャー使用のほうが割安になる。

（6）消費者物価指数が継続的に上昇している場合，一般に，経済環境はデフレーションの状態にあると判断される。

第2回 解答・解説

（1）○　保険業法の規定において**保険会社等が保険契約者や被保険者に対して不利益となることを通知せず，既存の保険契約を消滅させ，新規に保険契約を申し込ませることを禁止行為**としている。

（2）×　払済保険とは，保険料の払込みを中止し，その時点の解約返戻金を活用し，元の主契約を同種類の保険に切り換えたものである。また，終身保険や養老保険に切り換えることができる。保険金額は，以前の契約よりも低くなる。元の保険に付与されていた特約については消滅となる。

（3）○　定期保険とは，**被保険者が保険期間内に死亡もしくは高度障害状態に陥った際に保険金が支払われるもの**である。保険期間が満了した後，被保険者が生存していても保険金は支払われない。いわゆる掛け捨ての保険である。

（4）×　**普通傷害保険では，国内外を問わず，急激**（突発的）**かつ偶然**（予知せぬ）**に発生した事故による障害に対して補償**されている。

（5）○　**リスク細分型自動車保険は，性別，年齢，運転歴，地域，使用目的，走行距離，安全装置の有無などの属性を考慮し保険料を算定**している。

（6）×　**消費者物価指数（CPI）とは，財やサービスなどの商品の価格の動向を示したもの**である。**物価水準が継続的に上昇していくことをインフレーション（インフレ）**という。

（7）日本銀行は，公開市場操作（オペレーション）などを用いて，短期金融市場の資金の総量を調整している。

（8）日経平均株価は，東京証券取引所市場第一部に上場している内国普通株式全銘柄を対象とした時価総額加重型の株価指数である。

（9）オプション取引において，将来の一定期日または一定期間内に，株式などの原資産を特定の価格で買う権利のことをコール・オプション，売る権利のことをプット・オプションという。

（10）金融商品の販売等に関する法律（金融商品販売法）では，金融商品販売業者等の断定的判断の提供等の禁止に関する規定は，一定の投資経験を有する顧客に対する金融商品の販売等には適用されない。

（11）保険法の規定によれば，保険契約者や被保険者に告知義務違反があった場合，保険者は原則として保険契約を解除できるが，この解除権は，保険者が解除の原因があることを知った時から（　　　）行使しないときは消滅する。
　　1）1カ月間　　　2）2カ月間　　　3）3カ月間

（12）被保険者が保険期間中に死亡した場合，（　　　）では，契約時に定めた年金額を，毎月（または毎年），一定期間（または保険期間満了時まで）受け取ることができる。
　　1）収入保障保険　　　　　　2）生存給付金付定期保険
　　3）定期保険特約付養老保険

(7) ○　**公開市場操作**とは，銀行間で資金を融通し合う短期金融市場（インターバンク市場）で，**日本銀行が債券などを売買することにより市中に出回る通貨量を調整**する機能である。

(8) ×　**日経平均株価**とは，東京証券取引所市場第一部に上場している銘柄のうち**代表的な 225 銘柄**を対象に株価の動きを計算したものである。

(9) ○　**オプション取引**とは，将来の一定期日もしくは一定期間内に，**特定資産**（例えば，**株式，債券，通貨**など）**を特定の価格**で売り買いする権利が付与されたものである。

(10) ×　**金融商品販売法**では，証券会社などの金融商品販売業者による投資家への**断定的判断の提供**，たとえば将来の相場や投資のリターンについて，「損はしない」などと不確実性の要素があるにも関わらず，勧誘する行為を禁止している。

(11) 1)　保険法の規定によると，**保険契約者や被保険者に告知義務違反があった場合，原則として，保険会社は保険契約を解除することができる**。しかしながら，この**権利は保険者が契約解除の原因があることを知ってから 1 カ月間行使しないときは消滅**する。

(12) 1)　**収入保障保険**とは，被保険者が死亡した場合，年金として毎月もしくは毎年，契約時に定めた年金額を，一定期間または保険期間満了時まで受け取ることができるものである。

(13) がん保険では，一般に，責任開始日前に（　　　）程度の免責期間が設けられている。
　　　1）30日間　　　2）60日間　　　3）90日間

(14) 個人賠償責任保険では，（　　　）は補償の対象となる。
　　　1）自動車の運転に起因する賠償事故
　　　2）他人からの借り物を使用中に破損させたことに対する賠償事故
　　　3）飼い犬が他人を噛んでけがを負わせた賠償事故

(15) スーパーマーケットを経営する企業が，店舗内で調理・販売した食品が原因で食中毒が発生し，顧客に対して法律上の損害賠償を負う場合に備えて，（　　　）に加入した。
　　　1）施設所有（管理）者賠償責任保険　　　2）生産物賠償責任保険
　　　3）受託者賠償責任保険

(16) 国内の金融商品取引所において，上場株式を普通取引で売買した場合，売買が成立した日から起算して（　　　）営業日目に受渡しが行われる。
　　　1）3　　　2）4　　　3）5

(17) 表面利率（クーポンレート）2％，残存期間4年の固定利付債券を，額面100円当たり98円で購入した場合の単利最終利回りは，（　　　）である。なお，答は表示単位の小数点以下第3位を四捨五入している。
　　　1）0.53％　　　2）2.55％　　　3）4.08％

(13) 3） がん保険とは、がんで入院もしくは手術した場合、入院、手術給付金が支払われるものである。この保障が開始するまでには免責期間が設けられている。その期間とは、**生命保険会社の責任開始日に相当する日から 90 日間**程度の期間である。

(14) 3） **個人賠償責任保険**では、居住している住宅管理および日常生活の中で発生した予期せぬ事故などによって法律上の賠償責任を対象に補償している。この保険は、**飼い犬が他人を噛んでけがを負わせた賠償事故も補償の対象**としている。

(15) 2） **生産物賠償責任保険**とは、生産物が原因となり事故が生じた場合、その**サービスを受けた顧客に対する法律上の損害賠償を負う場合に備える**ために加入するものである。

(16) 2） 上場株式の売買取引として、普通取引、当日決済取引、発行日決済取引の 3 つがある。普通取引で売買した場合、**注文が成立した日（約定日）から起算して 4 営業日目に受け渡し（決済）が実施**される。通常、普通取引が利用されている。

(17) 2） 最終利回りは以下の式で算出される。

$$最終利回り = \frac{クーポン + \dfrac{額面金額 - 買付価格}{残存期間}}{買付価格} \times 100$$

$$\frac{2 + \dfrac{100 - 98}{4}}{98} \times 100 = 2.5510204\cdots \fallingdotseq 2.55\%$$

(18) 預金保険制度の対象金融機関に預け入れた（　　　）は，預入金額にかかわらず，その全額が預金保険制度による保護の対象となる。
　　　1）外貨預金　　　2）大口定期預金　　　3）決済用預金

(19) 2資産で構成されるポートフォリオにおいて，相関係数が（　①　）である場合，両資産が（　②　）値動きをするため，理論上，分散投資によるリスク低減効果が得られない。
　　　1）①　＋1　　②　同じ　　　2）①　0　　②　同じ
　　　3）①　－1　　②　逆の

(20) 株式の投資指標のうち，PERは「株価÷（　①　）」，PBRは「株価÷（　②　）」の算式によって求められる。
　　　1）①　1株当たり純利益　　②　1株当たり純資産
　　　2）①　1株当たり配当金　　②　1株当たり純利益
　　　3）①　1株当たり純資産　　②　1株当たり配当金

(18) 3) 預金保険機構に加入している金融機関が破たんした場合、**預金保険制度**のもとで、**元本1,000万円とその利息が保護**されている。ただし、**決済用預金のみ全額保護**の対象となっている。

(19) 1) 2資産における相関関係とは、それぞれの資産がどのような値動きをしているのかを1から－1の数値によって示したものである。**相関関係が1の場合には、2資産の値動きが同じであることを意味している**。そのため、株価が下がると2資産とも同時に下がるため、一般的に分散投資によるリスク低減効果が見られない。他方、**相関関係が－1の場合には、2資産の値動きが逆の動きをしている**ため、一般的に**分散投資におけるリスクを低減することができる**ものとみなされている。

(20) 1) PER（株価収益率）とは、1株当たりの純利益と株価との関係を見たものである。PBR（株価純資産倍率）とは、株価が1株当たりの純資産の何倍になっているのかを把握するためのものである。PERおよびPBRは、以下の式で算出される。

$$\text{PER（倍）} = \frac{\text{株価}}{\text{1株当たりの純利益}} \qquad \text{PBR（倍）} = \frac{\text{株価}}{\text{1株当たりの純資産}}$$

第3回 問題 (2015年5月実施)

（1）保険業法では，生命保険募集人は，保険契約の締結に際し，保険契約者または被保険者が保険会社等に対して重要な事実を告げるのを妨げ，または告げないことを勧めてはならないとしている。

（2）特定疾病保障定期保険特約では，一般に，被保険者が保険期間中に特定疾病以外の原因により死亡した場合，保険金は支払われない。

（3）学資（こども）保険には，出生前加入特則の付加により，被保険者となる子が出生する前であっても加入できるものがある。

（4）自動車保険の車両保険（一般条件）では，自宅の敷地内の駐車場で運転操作を誤って自損事故を起こし，被保険自動車が被った損害は，補償の対象とならない。

（5）レストランを運営する企業が，提供した料理が原因で顧客に食中毒が発生したことによる法律上の賠償責任を負担する場合に被る損害に備えるためには，施設所有（管理）者賠償責任保険への加入が適している。

第3回 解答・解説

(1) ○　**保険業法**では，生命保険募集人は，保険の契約を締結する場合，**保険契約者もしくは被保険者が保険会社等に対して健康状態などの重要事項を告知するのを妨げたり，もしくは告知しないよう勧めることを禁止**している。

(2) ×　**特定疾病保障保険特約（3大疾病保障保険特約）**では，被保険者が，がん・急性心筋梗塞，脳卒中になった場合には，一括して保険金が支払われる。また，**他の病気で死亡もしくは高度障害状況に陥った際にも保険金が支払われる**。

(3) ○　**学資（こども）保険**は，将来の進学（高校・大学）に備え，必要となる資金を確保するためのものである。**被保険者が出生する前に加入することも可能である**。

(4) ×　**車両保険**では，偶発な事故（衝突・盗難・台風など）により自分の車が損害を受けた場合，補償される。自宅の敷地内の駐車場で運転操作を誤り自損事故を起こした場合でも，**被保険自動車が被った損害は，補償の対象**となっている。

(5) ×　レストランを運営する企業が提供した料理が原因で，サービスを受けた顧客が食中毒になった場合，法律上の賠償責任を負担するに備えて加入する保険は**生産物賠償責任保険**である。

（6）景気動向指数は，生産，雇用などさまざまな経済活動での重要かつ景気に敏感に反応する指標の動きを統合することによって，景気の現状把握および将来予測に資するために作成された指標である。

（7）個人向け国債の適用利率は，取扱金融機関によって異なる。

（8）追加型の国内公募株式投資信託の収益分配金のうち，元本払戻金（特別分配金）は非課税となる。

（9）MRF（マネー・リザーブ・ファンド）の投資対象は，信用力の高い大企業の株式や社債が中心となっている。

（10）円貨を用いて外貨建てMMFを購入する際には，購入時手数料および為替手数料を負担する必要がある。

（11）ソルベンシー・マージン比率は，保険会社の保険金等の支払余力がどの程度あるかを示す指標であり，この値が（　　　）を下回った場合には，監督当局による早期是正措置の対象となる。
　　1）200%　　　2）300%　　　3）400%

(6) ○　景気動向指数は，景気に敏感に反応する指標，例えば，生産や雇用に関する指標を統合し，**景気の現状把握や将来の予測をするために活用**されている。景気動向指数は，毎月，**内閣府によって発表**されている。

(7) ×　個人向け国債の取扱金融機関では**同一の利率が適用**されている。

(8) ○　追加型の国内公募株式投資信託の収益分配金のうち，**元本払戻金（特別分配金）は非課税**である。元本払戻金は，投資した資金の一部が払い戻しされるだけであり，投資上の儲けに相当するものではないため非課税となる。

(9) ×　MRF（マネー・リザーブ・ファンド）は，国債や社債などの**短期公社債を運用対象**としていることから，安全性が高い投資商品である。

(10) ×　外貨建て MMF（マネー・マネジメント・ファンド）は，**格付けの高い債券を運用対象**とし，海外の投資信託会社で組成されている。**外貨建てMMFにおける購入手数料および解約手数料は不要であるが，為替手数料は支払う必要がある。**

(11) 1)　ソルベンシー・マージン比率とは，保険会社の保険金などの支払い能力を把握するための指標である。万一，**200％を下回った際には，監督当局による早期是正措置**が求められる。

(12) 生命保険の契約者が保険会社に払い込む保険料は，主として保険金等を支払うための財源となる（ ① ）と，保険会社が保険契約を維持・管理していくための必要経費に充当される（ ② ）とに大別できる。
　　1）① 標準保険料　② 事業保険料　2）① 純保険料　② 付加保険料
　　3）① 死亡保険料　② 費用保険料

(13) 損害保険において，保険金額が保険価額を下回っている（ ① ）の場合に，保険金額の保険価額に対する割合に応じて保険金が削減されて支払われることを（ ② ）という。
　　1）① 超過保険　② 実損てん補　2）① 超過保険　② 比例てん補
　　3）① 一部保険　② 比例てん補

(14) 自動車損害賠償責任保険（自賠責保険）では，（　　）を補償の対象としている。
　　1）対人賠償事故のみ　　　　　　2）対物賠償事故のみ
　　3）対人賠償事故および対物賠償事故

(15) 地震保険の保険金額は，火災保険等の主契約の保険金額の一定範囲内で定められるが，居住用建物については（ ① ），生活用動産については（ ② ）の上限が設けられている。
　　1）① 3,000万円　② 1,500万円　2）① 3,000万円　② 1,000万円
　　3）① 5,000万円　② 1,000万円

(16) 元金5,000,000円を，年利2％（1年複利）で3年間運用した場合の元利合計金額は，税金や手数料等を考慮しない場合，（　　）である。
　　1）5,202,000円　　　2）5,300,000円　　　1）5,306,040円

(12) 2）　契約者が保険会社に対し払い込む保険料は，純保険料と付加保険料の2つがある。**純保険料とは，将来の保険金を支払うための財源**である。また**付加保険料とは，保険会社が保険契約を維持および管理していくための経費**である。

(13) 3）　**損害保険において，保険価額が保険金額を上回っている**（保険金額が保険価額を下回っている時と同様）**ことを一部保険**という。この**一部保険の場合には，保険金額の保険価額に対する割合に応じて保険金が削減されて支払われることを比例てん補**という。

(14) 1）　加入が義務付けられている強制保険の1つとして**自動車損害賠償責任保険（自賠責保険）**がある。この保険は，**対人賠償事故のみ**（自動車事故によるけが，死亡，後遺障害を負わせた場合）**を補償の対象**としている。

(15) 3）　**地震保険**とは，地震および噴火，またこれらの事象による津波による火災などによる損害を補償している。地震保険は火災保険とセットで契約する必要がある。保険金額は，火災保険などの主契約の保険金額の**一定範囲内（30～50％）**で定められている。そこで，それぞれの対象の保険金額の上限を見ると，**居住用建物が5,000万円，家財（生活用動産）が1,000万円**と定められている。

(16) 3）　1年複利での運用から，元金に利息を含めて算出する。5,000,000 円 × $(1 + 0.02)^3$ = 5,306,040 円となる。
　　　1年後　5,000,000 円 × (1 + 0.02) = 5,100,000 円
　　　2年後　5,100,000 円 × (1 + 0.02) = 5,202,000 円
　　　3年後　5,202,000 円 × (1 + 0.02) = 5,306,040 円

(17) 株式の投資指標において，株価に対する配当金の割合を示すものを（　　）という。

　　1）配当性向　　　2）配当利回り　　　3）配当成長率

(18) 平成27年3月2日（月）に証券取引所を通じて普通取引により国内上場株式を買い付けた場合の受渡日は，（　　）である。

〈資料〉平成27年3月のカレンダー（祝祭日なし）

月	火	水	木	金
2日	3日	4日	5日	6日

　　1）3月4日（水）
　　2）3月5日（木）
　　3）3月6日（金）

(19) 表面利率（クーポンレート）2％，残存期間4年の固定利付債券を，額面100円当たり94円で購入した場合の単利最終利回りは，（　　）である。なお，答は表示単位の小数点以下第3位を四捨五入している。

　　1）2.13％　　　2）3.50％　　　3）3.72％

(20) 2資産に投資するポートフォリオにおいて，両資産の相関係数が（　　）である場合，両資産は同一の値動きをするため，ポートフォリオのリスク低減効果が得られない。

　　1）−1　　　2）0　　　3）+1

(17) **2)** 株価に対する配当金の割合を示す指標を**配当利回り**という。

$$配当利回り = \frac{1株当たりの配当金}{株価} \times 100$$

(18) **2)** 普通取引で売買した際，**注文が成立した日（約定日）から起算して4営業日目に受け渡し（決済）が実施**される。ここでは，平成27年3月2日（月）に買い付けをしているため，受渡日は平成27年3月5日（木）となる。

(19) **3)** 最終利回りは以下の式で算出される。

$$最終利回り = \frac{クーポン + \dfrac{額面金額 - 買付価格}{残存期間}}{買付価格} \times 100$$

$$= \frac{2 + \dfrac{100 - 94}{4}}{94} \times 100 = 3.7234\cdots ≒ 3.72\%$$

(20) **3)** 2資産の**相関関係が1の場合**には，両資産の値動きが同じであることを示している。そのため，株価が下がると両資産とも価値が下がる。このことから**分散投資によるリスク低減効果が得られない**。

第4回 問 題 (2015年1月実施)

（1）生命保険募集人が，保険契約者または被保険者に対して，保険料の割引，割戻しその他特別の利益の提供を約束する行為は，保険業法により禁止されている。

（2）契約転換制度を利用して，現在加入している生命保険契約を新たな契約に転換する場合，転換後の保険料には，転換前契約時の保険料率が引き続き適用される。

（3）自動車保険の対人賠償保険では，自動車事故により他人を死傷させ，法律上の損害賠償責任を負った場合，自動車損害賠償責任保険（自賠責保険）から支払われる金額を超える部分に対して保険金が支払われる。

（4）家族傷害保険の被保険者には，被保険者本人（記名被保険者）またはその配偶者と生計を共にする別居の未婚の子が含まれる。

（5）海外旅行保険では，地震もしくは噴火またはこれらによる津波を原因とするケガは，補償の対象となる。

（6）物価が継続的に上昇するインフレーションの経済環境においては，一般に，金利が上昇しやすい。

| 第4回 | **解答・解説** |

(1) ○　生命保険募集人は，保険を募集する場合，**特別利益の提供を約束することが禁止**されている。たとえば，保険料の割引きや割戻しなどが禁止事項として挙げられている。

(2) ×　契約転換制度とは，既存の保険の消滅を前提に，これまでの保険で積立してきた部分および積立配当金を新しく契約する保険の一部に充てるものである。転換した時点の年齢や保険料率によって算出されるため，転換前の保険料よりも高くなる可能性がある。つまり，**新しい保険の保険料率は，新たな保険契約により設定されるため変更**される。

(3) ○　**自動車損害賠償責任保険（自賠責保険）**は，対人賠償事故のみを補償の対象としている。**対人賠償保険**では，**自賠責保険から支払われる金額を超えた部分についての保険金を支払う**ものである。

(4) ○　**家族傷害保険**とは，1つの保険契約で家族全員が負ったさまざまな**傷害に対し保険金が支払われる**ものである。家族と離れて生活をする学生など（**別居の未婚の子**）も被保険者の対象である。

(5) ○　**海外旅行保険**は，出発先である住居から，海外そして帰国し，帰宅するまでの間に被った傷害に対して保険金が支払われる。特約を付帯することなく，**地震・噴火，そしてこれらによる津波が要因となって傷害を受けた際にも補償**される。

(6) ○　物価と金利の関係をみると，**物価が上昇すると金利も上がる**のが一般的である。逆に，物価が下降すると金利も下がる。

（7）公社債投資信託は，投資対象に株式をいっさい組み入れることができない。

（8）日経平均株価は，東京証券取引所市場第一部に上場している内国普通株式全銘柄を対象として算出される株価指標である。

（9）外貨建てMMFは，毎月決算が行われ，毎年末に分配金がまとめて再投資される。

（10）金融商品の販売等に関する法律（金融商品販売法）によれば，金融商品販売業者等は，顧客に対し同法に定める重要事項の説明をしなければならない場合において当該説明をしなかったときは，それによって生じた顧客の損害を賠償しなければならない。

（11）生命保険会社が破綻した場合，生命保険契約者保護機構により，原則として，破綻時点における補償対象契約（高予定利率契約を除く）の責任準備金等の（　　）まで補償される。
　　1）80％　　　2）85％　　　3）90％

（12）生命保険の保険料は，（　　）や収支相等の原則に基づき，主として3つの予定基礎率を用いて算出されている。
　　1）大数の法則　　　2）適合性の原則　　　3）利得禁止の原則

(7) ○　公社債投資信託とは，公社債（国債・地方債・社債）を中心に運用している金融商品である。**公社債投資信託は，株式を投資対象として運用することはできない。**

(8) ×　**日経平均株価**とは，東京証券取引所市場第一部に上場されている銘柄のうち代表的な **225銘柄**を対象に株価の動きを計算したものである。

(9) ×　外貨建てMMF（マネー・マネジメント・ファンド）では，**日々，決算が行われ，月末には分配金が再投資される仕組み**になっている。

(10) ○　金融商品の販売等に関する法律（金融商品販売法）では，金融商品販売業者などが顧客に金融商品を販売するに際し，**重要事項について説明することを怠った場合，当該顧客が被った損害について賠償責任を負う必要がある。**

(11) 3）　生命保険会社が破たんした際の対処機構として，生命保険契約者保護機構が，その役割を担っている。破たんした際の原則として，**補償対象契約の責任準備金等の90％まで補償**している。

(12) 1）　生命保険の保険料は，大数の法則および収支相等の原則に沿って，予定死亡率，予定利率，予定事業費率の**3つの予定基礎率**を用いて算出される。

(13) 定期保険特約付終身保険（更新型）では，定期保険特約の保険金額を同額で自動更新すると，更新後の保険料は，通常，更新前（　　　）。
　　1）よりも高くなる　　　2）と変わらない　　　3）よりも安くなる

(14) 自動車損害賠償責任保険（自賠責保険）における被害者1人当たりの保険金の限度額は，死亡の場合（　①　），傷害の場合120万円，後遺障害の場合は障害の程度に応じて最高（　②　）である。
　　1）①　3,000万円　　②　4,000万円
　　2）①　4,000万円　　②　3,000万円
　　3）①　5,000万円　　②　4,000万円

(15) レストランを運営する企業が，顧客から預かった衣類や荷物の紛失や盗難により，企業が法律上の損害賠償責任を負担した場合に被る損害に備え，（　　　）に加入した。
　　1）受託者賠償責任保険　　　　　　　2）生産物賠償責任保険
　　3）施設所有（管理）者賠償責任保険

(16) 元金2,000,000円を年率2％（1年複利）で3年間運用した場合の元利合計金額は，税金や手数料等を考慮しない場合，（　　　）である。
　　1）2,080,800円　　　2）2,120,000円　　　3）2,122,416円

(13) **1)** 定期保険特約付終身保険とは，終身保険と定期保険がセットになったものである。定期保険特約には，全期型と更新型の2つがある。全期型とは，この保険の加入から払込満了時もしくは加入可能年齢までを保険期間と設定するものである。他方，**更新型**とは，保険期間を区切り，保険期間満了時には，その都度，契約を更新していくものである。その際，**保険料は，通常，更新する前よりも高く設定**される。

(14) **1)** **自動車損害賠償責任保険（自賠責保険）**では，被害者1人当たりに支払われる保険金の限度額が設定されている。**死亡の場合には 3,000 万円，傷害の場合には 120 万円，後遺障害の場合には 4,000 万円**（程度に応じて受け取る金額が異なる）が支払われる。

(15) **1)** **受託者賠償責任保険**とは，飲食店を営む企業が，**顧客から預かった荷物などを紛失もしくは盗難されたことにより，企業が法律上の損害賠償責任を被った際の損害に備え，加入**するものである。

(16) **3)** 1年複利での運用から，元金に利息を含め算出していく。2,000,000 円 × $(1 + 0.02)^3$ = 2,122,416 円となる。
　　　　1年後　2,000,000 円 × $(1 + 0.02)$ = 2,040,000 円
　　　　2年後　2,040,000 円 × $(1 + 0.02)$ = 2,080,800 円
　　　　3年後　2,080,800 円 × $(1 + 0.02)$ = 2,122,416 円

(17) 表面利率（クーポンレート）2％，残存期間2年の固定利付債券を，額面100円当たり98円で購入した場合の単利最終利回りは，（　　　）である。なお，答は表示単位の小数点以下第3位を四捨五入している。
　　　1）2.04％　　　2）3.06％　　　3）4.08％

(18) 企業の経営効率を判断する指標の1つである（　　　）は，当期純利益を自己資本で除して算出することができる。
　　　1）PER　　　2）PBR　　　3）ROE

(19) 2つの異なる資産に投資する場合，両資産の相関係数が（　　　）に近いほど，ポートフォリオのリスク低減効果が高い。
　　　1）－1　　　2）0　　　3）＋1

(20) 預金保険による保護の対象となる預金等のうち，定期預金などの一般預金等については，1金融機関ごとに預金者1人当たり元本（　　　）までとその利息等が保護される。
　　　1）1,000万円　　　2）2,000万円　　　3）3,000万円

(17) 2) 最終利回りは以下の式で算出される。

$$= \frac{クーポン + \dfrac{額面金額 - 買付価格}{残存期間}}{買付価格} \times 100$$

$$= \frac{2 + \dfrac{100 - 98}{2}}{98} \times 100 = 3.06122\cdots \fallingdotseq 3.06\%$$

(18) 3) **ROE**（Return on equity, 自己資本利益率）とは，株主・投資家が最も重要視する指標の1つであり，**企業の経営効率を判断する際に活用**される。ROEは，以下の式で算出される。

$$ROE = \frac{当期純利益}{自己資本} \times 100$$

(19) 1) 相関関係が−1の場合には，2資産の値動きが逆の動きをしているため，一般的に**分散投資におけるリスクを低減**することができる。

(20) 1) 金融機関が破たんした際，預金保険制度に従って，普通預金や定期預金などの一般預金等については，1金融機関ごとに預金者1人当たり**元本1,000万円までとその利息について保護**されている。

第3章

タックスプランニング／不動産

第1回 問題 (2016年1月実施)

（1）一時所得の金額は，その年中の一時所得に係る総収入金額からその収入を得るために支出した金額の合計額を控除し，その残額から特別控除額（最高50万円）を控除した金額であり，その額に2分の1を乗じた額が総所得金額に算入される。

（2）下記の〈資料〉において，不動産所得の金額の計算上生じた損失のうち，他の所得の金額と損益通算が可能な金額は，40万円である。

〈資料〉不動産所得に関する資料

総収入金額	120万円
必要経費（土地等を取得するために要した負債の利子の額20万円を含む）	180万円

（3）配偶者控除の対象となる控除対象配偶者とは，納税者と生計を一にする配偶者（青色事業専従者として給与の支払を受ける者および事業専従者に該当する者を除く）で，かつ，その合計所得金額が103万円以下である者をいう。

（4）給与所得者のうち，その年中に支払を受ける給与等の金額が1,500万円を超える者は，必ず所得税の確定申告をしなければならない。

第1回 解答・解説

(1) ○ 懸賞・クイズの賞金，競馬・競輪の払戻金等**一時所得**は，次の算式により計算される。

収入金額－支出金額－特別控除（最高 **50 万円**）

なお，宝くじの当選金やノーベル賞の賞金は**非課税**となる点に注意すること。

(2) ○ 損益通算する際，「土地を取得するための**借入金利子**」は**必要経費に算入できない**。

そのため，本問における不動産所得の計算上，総収入金額 120 万円から必要経費 160 万円を控除した△40 万円が他の所得と損益通算可能な金額となる。

(3) × **配偶者控除**の適用要件として，控除対象配偶者は，納税者と生計を一にする配偶者（青色事業専従者と事業専従者を除く者）であり，かつ，**合計所得金額が 38 万円以下**である必要がある。年収でいうと 103 万円以下の者となる。

(4) × 給与所得者の確定申告要件は，①その年の給与の額が **2,000 万円超**の場合，②給与・退職所得以外の所得金額が **20 万円超**の場合，③**2 カ所以上**から給与を受け取っている場合，住宅ローン控除を受ける場合（初年度のみ），④雑損控除・医療費控除・寄付金控除・配当控除を受ける場合である。

（5）住宅借入金等特別控除の対象となる新築住宅は，床面積が50m^{2}以上で，かつ，その2分の1以上に相当する部分がもっぱら自己の居住の用に供されるものとされている。

（6）登記すべき不動産の物権変動が発生しているものの，登記申請に必要な書類が提出できないなどの手続上の要件が備わっていない場合は，仮登記をすることでその後に行う本登記の順位を保全することができる。

（7）相続税路線価は，国税局長が毎年1月1日を価格判定の基準日として評価するもので，当該価格は地価公示の公示価格の70%を評価水準の目安として設定されている。

（8）アパートやマンションの所有者が自ら当該建物の賃貸を業として行う行為は，宅地建物取引業法で規定する宅地建物取引業に該当しない。

（9）固定資産税における小規模住宅用地（住宅用地で住宅1戸当たり200m^{2}以下の部分）の課税標準については，当該住宅用地に係る固定資産税の課税標準となるべき価格の6分の1の額とする特例がある。

（10）「居住用財産の譲渡所得の特別控除（居住用財産を譲渡した場合の3,000万円の特別控除）」は，居住用財産を居住の用に供さなくなった日から3年を経過する日の属する年の12月31日までに譲渡しなければ，適用を受けることができない。

（5）○　住宅借入金等特別控除の対象となる新築住宅は，**床面積 50 m² 以上**で，床面積の **2 分の 1 以上**が居住用に用いられるものである。

（6）○　不動産の本登記を行うための要件が整わなかった場合，**仮登記をして登記の順序を保全することができる**。仮登記には，対抗力はない。

（7）×　相続税の課税価格を計算する場合，**国税局長**が市街地の道路に定めた**路線価**（1m² あたり千円単位で表示）をもとに計算される。

（8）○　**自分が貸主となり，賃貸業を行うことは宅地建物取引業に該当しない**。そのため，自分でアパートやマンションを建て，貸す場合には，宅地建物取引業の免許は必要ない。

（9）○　小規模住宅用地（**200m² 以下の部分**）については，課税標準を固定資産税評価額の **6 分の 1** の額とする特例がある。

（10）○　居住用財産の **3,000 万円の特別控除**は，住まなくなってから **3 年**を経過した日の属する年の **12 月 31 日**までに譲渡することを要件に長期譲渡・短期譲渡に関係なく適用できる。

(11) 物品販売業を営む個人事業主の事業所得の金額の計算において，商品の売上原価は，（　　　）の算式により求められる。
　　1）年初（期首）棚卸高－年間仕入高＋年末（期末）棚卸高
　　2）年初（期首）棚卸高＋年間仕入高＋年末（期末）棚卸高
　　3）年初（期首）棚卸高＋年間仕入高－年末（期末）棚卸高

(12) 給与所得者が，34年9カ月間勤務した会社を定年退職し，退職金の支給を受けた。この場合，所得税の退職所得の金額を計算する際の退職所得控除額は，（　　　）となる。
　　1）800万円＋40万円×（35年－20年）＝1,400万円
　　2）800万円＋70万円×（34年－20年）＝1,780万円
　　3）800万円＋70万円×（35年－20年）＝1,850万円

(13) 平成27年中に締結した保険契約等に基づく介護医療保険料を12万円支払った場合，その支払った年分の所得税における介護医療保険料控除（介護医療保険料に係る生命保険料控除）の控除額は，（　　　）となる。
　　1）3万円　　　2）4万円　　　3）5万円

(14) 年末調整の対象となる給与所得者は，年末調整の際に，所定の書類を勤務先に提出することにより，（　　　）の適用を受けることができる。
　　1）地震保険料控除　　　2）医療費控除　　　3）雑損控除

(15) 生命保険契約において，契約者（＝保険料負担者）および保険金受取人がAさん，被保険者がAさんの配偶者である場合，Aさんの配偶者の死亡によりAさんが受け取る死亡保険金は，（　　　）の課税対象となる。
　　1）贈与税　　　2）相続税　　　3）所得税

(11) 3） 事業所得における売上原価の計算は，下記算式で計算される。

期首商品棚卸高　＋　当期仕入高　－　期末棚卸高
（前年の在庫）　　（今年の仕入）　　（今年の在庫）

(12) 3） 退職所得控除の金額は，勤続年数が 20 年を基準として，算式方法が異なる。

勤続年数が **20 年以下の場合**：**40 万円**×勤続年数（最低 **80 万円**）
勤続年数が **20 年超の場合**　：**800 万円**＋**70 万円**×（勤続年数－ **20 年**）

勤続年数に端数が生じる場合は，1 年に繰り上げる。

(13) 2） 生命保険料控除は，**最大 12 万円**までの控除が可能となるが，そのうち，一般の生命保険料 4 万円，個人年金保険料 4 万円，介護医療保険料 4 万円というように 3 つの区分ごとに最大金額が設けられている。

(14) 1） **医療費控除・雑損控除**の適用を受ける場合には，**確定申告**を行う必要がある。

(15) 3） 契約者および保険金受取人が A さんであるから，A さんの配偶者の死亡により，A さんが受け取った死亡保険金は所得税の対象となる。

(16) 借地借家法の規定によれば，事業用定期借地権等は，もっぱら事業の用に供する建物の所有を目的とし，かつ，存続期間を（　　）として設定される借地権である。
　　　1）30年以上　　　2）10年以上50年未満　　　3）50年以上

(17) 建築基準法の規定によれば，（　　）は，原則として，第一種低層住居専用地域内に建築することができる。
　　　1）老人ホーム　　　2）病　院　　　3）ホテル・旅館

(18) 土地・建物等に係る譲渡所得は，（　①　）において所有期間が（　②　）を超えるものは長期譲渡所得に，（　②　）以下であるものは短期譲渡所得に区分される。
　　　1）①　譲渡契約の締結日　　　②　5年
　　　2）①　譲渡した年の1月1日　　②　3年
　　　3）①　譲渡した年の1月1日　　②　5年

(19) 農地を農地以外の用途に転用する目的で所有権等の移転をする場合には，（　①　）等の許可が必要であるが，農地が一定の市街化区域内にあるときには，あらかじめ（　②　）に対して届出等をすることにより，その許可は不要となる。
　　　1）①　国土交通大臣　　　②　農業委員会
　　　2）①　都道府県知事　　　②　市町村長
　　　3）①　都道府県知事　　　②　農業委員会

(20) 土地の有効活用方式のうち，一般に，土地所有者が土地の全部または一部を拠出し，デベロッパーが建設費等を拠出して，それぞれの出資比率に応じて土地・建物に係る権利を取得する方式を（　　）という。
　　　1）等価交換方式　　　2）事業受託方式　　　3）定期借地権方式

(16) 2） **事業用定期借地権**等は，利用目的を事業用に限り，存続期間は「更地返還型」・「任意型」を合わせて **10年以上50年未満**である。

(17) 1） 病院，ホテル・旅館，老人ホームのうち，建築基準法において，**第一種低層住所専用域内**に建築することができるのは，老人ホームのみである。

(18) 3） 土地・建物等に係る譲渡所得は，譲渡した年の **1月1日**に **5年**を超えるか否かによって，長期譲渡所得あるいは短期譲渡所得に区分される。

(19) 3） 農地を農地以外の用途に**転用**する目的で所有権等の移転をする場合，**都道府県知事**の許可が必要となる。ただし，農地が一定の**市街地区域内**にあるときは，**農業委員会**に届け出をすれば都道府県の許可が不要となる。

(20) 1） 等価交換方式のことである。2）の**事業受託方式**は，事業計画から建設・管理運営まで開発業者のノウハウを活用する方式である。**定期借地権方式**は，一定期間，借地人に賃貸して地代を受け取る方式をいう

第2回 問題 (2015年9月実施)

(1) 所得税において，非居住者は，国内源泉所得以外については納税義務を負わない。

(2) 一時所得の金額は，収入金額からその収入を得るために支出した金額を控除し，さらに特別控除額を控除した後の金額であり，その全額が総所得金額に算入される。

(3) 勤続年数が20年を超える者が退職手当等を受け取る場合，所得税において，退職所得の金額の計算上，退職所得控除額は，70万円にその勤続年数を乗じた金額となる。

(4) 納税者の合計所得金額が1,000万円を超えている場合，配偶者の合計所得金額の多寡にかかわらず，所得税の配偶者特別控除の適用を受けることはできない。

第2回 解答・解説

(1) ○　**非居住者**とは，日本に住んでいない者をいう。非居住者の場合は，**日本国内で稼いだお金のみ**が所得税の課税対象となる。**居住者**は日本に住んでいる者であり，国外・国内から得た所得にかかわらず，すべての所得が課税対象となる。

(2) ×　良く出題される。一時所得の金額は，総収入－収入を得るための支出金額－特別控除（**50万円**）の算式によって計算される。**総所得金額に算入される金額**は，計算された一時所得の金額の**2分の1**となる。

(3) ×　退職所得の計算における退職所得控除の金額は，**勤続年数が20年超の場合は，[800万円＋70万円×20年超の部分の勤続年数]** により計算される。したがって，70万円×年数の算式が用いられるのは，勤続年数が20年を超える部分だけであり，すべての勤続年数に70万円を乗じるわけではない。たとえば，勤続年数が30年の場合，10（＝30－20）年を70万円に乗じることになるため，この場合の退職所得控除額は，1,500（＝800万円＋700万円）となる。

　ちなみに，**勤続年数が20年以下の場合は，40万円×勤続年数**で求められる。

(4) ○　所得税の**配偶者特別控除**を受けるための要件には，①配偶者の合計所得金額が**38万円超76万円未満**であること，②納税者の合計所得金額が**1,000万円**以下であることがある。配偶者控除にはこの要件はない点に注意すること。

（5）年末調整の対象となる給与所得者が所得税の住宅借入金等特別控除の適用を受ける場合，初めて適用を受ける年分については確定申告をする必要があるが，その翌年以降の年分については年末調整によることができる。

（6）登記の記載を信頼して不動産を取得した者は，記載されていた登記名義人が真実の権利者ではなかった場合でも，原則として，その不動産に対する権利が認められる。

（7）民法の規定によれば，不動産の売買契約において，買主が売主に解約手付を交付した場合，買主が契約の履行に着手するまでは，売主は，手付金の倍額を償還して，契約を解除することができる。

（8）借地借家法の規定によれば，普通建物賃貸借契約において，貸主は，正当の事由があると認められる場合でなければ，借主からの更新の請求を拒むことができない。

（9）建築基準法では，建築物の敷地が2つの異なる用途地域にまたがる場合，原則として，その建築物またはその敷地の全部について敷地の過半の属する地域の建築物に関する規定が適用される。

（10）建物の区分所有等に関する法律（区分所有法）の規定によれば，区分所有者の集会において，区分所有者および議決権の各4分の3以上の多数で，建物を取り壊し，その敷地上に新たに建物を建築する旨の決議をすることができる。

(5) ○　よく出題される。**住宅借入金等特別控除**の適用を受けるためには，給与所得者であっても，**初年度分のみ確定申告が必要**となる。翌年以降は，年末調整で住宅借入金等特別控除を受けることができる。

(6) ×　登記記録には**公信力はない**。登記内容を通じて取引をしてだまされたとしても保護されない。

(7) ○　**解約手付**について，買主は契約の相手方が履行に着手するまでは，**手付金を放棄すること**によって，売主は契約の相手方が履行に着手するまでは，**手付金の倍額を返還すること**によって契約を解除することができる。ここでの倍額とは，買主から預かっている手付金＋罰則金という意味での記述である。

(8) ○　**普通借家権**では，賃貸人（大家）からの契約更新の拒絶を行う場合は，**期間満了の１年前から６カ月前の間**に契約更新の拒絶通知が必要となり，かつ，更新拒絶には正当な事由が必要となる。

(9) ○　**建築基準法**では，敷地が２ｍ以上の用途地域にまたがる場合は，用途制限は**過半の属する方**の制限を受けることになっている。

(10) ×　区分所有物とは，マンション等のことをいう。大勢の住人がいるため，原則として，**多数決**（過半数）で物事を決める。ただし，住民にとって特に重要な影響があるような内容については，区分所有者および議決権の**４分の３以上**の賛成または**５分の４以上**の賛成が必要とされている。建て替え決議の場合は，最も重大な影響のある事項として，５分の４以上の賛成が必要とされている。

(11) 国内において支払を受ける預貯金の利子は，原則として，国税（復興特別所得税を含む）と地方税を合わせて（ ① ）の税率により（ ② ）とされる。

1) ① 15.315%　② 申告分離課税
2) ① 20.315%　② 源泉分離課税
3) ① 20.315%　② 申告分離課税

(12) 所得税において，事業的規模で行われている不動産の貸付による所得は，（　　）に該当する。

1) 不動産所得　　2) 事業所得　　3) 山林所得

(13) Aさんの平成27年分の各種所得の金額が下記の〈資料〉のとおりであった場合，損益通算後の総所得金額は（　　）である。なお，金額に付されている▲は損失を表すものとする。

〈資料〉Aさんの平成27年分の各種所得の金額

不動産所得の金額	800万円
雑所得の金額	▲50万円
事業所得の金額	▲100万円

1) 650万円
2) 700万円
3) 950万円

(14) 平成27年12月31日現在における扶養親族が長女（17歳）および二女（14歳）の2人である納税者の平成27年分の所得税における扶養控除の控除額は，（　　）である。

1) 38万円　　2) 63万円　　3) 76万円

(11) 2) 利子所得は，原則として利子等を受け取るときに **20％**（所得税 15％，住民税 5％）の税率で源泉徴収される（**源泉分離課税**）。本問①の 20.315％は，復興特別所得税の税率（所得税× 2.1％ =0.315）も含まれた細かい問題であるが，源泉分離課税をおさえておけば解答できる。

(12) 1) よく出題される。**不動産の貸付**によって得られる所得は，事業的規模にかかわらず**不動産所得**である。事業的規模で違いが生じるのは，青色申告を選択する際の控除額である。貸家は **5 棟**以上，アパート **10 室**以上の事業規模であれば，**65 万円**の青色申告特別控除が受けられ，それ以外の場合は **10 万円**の控除額となる。

(13) 2) **損益通算**とは，損失（赤字）と利益（黒字）を相殺することをいう。損益通算のできる所得は，原則として，不動産・事業・山林・譲渡の 4 所得である。雑所得は損益通算できないので，700（=800 − 100）万円が正解である。

(14) 1) 扶養控除に関しては，16 歳以上の**控除対象扶養親族**に **38 万円**，19 歳以上 23 歳未満の**特定扶養親族**に **63 万円**，老人扶養親族 58 万円（同居の場合），48 万円（同居以外）の金額を覚えておく必要がある。本問の場合，長女（17 歳）に 38 万円，二女に 0 円の扶養控除が適用されるため，正解は 1 となる。

(15) 宅地建物取引業法の規定によれば，不動産取引について依頼者が宅地建物取引業者と結ぶ媒介契約のうち，専任媒介契約の有効期間は最長で（　　）である。
　　1）3カ月　　2）6カ月　　3）1年

(16) 都市計画区域にある幅員4m未満の道で，特定行政庁の指定により建築基準法上の道路とみなされるもの（いわゆる2項道路）については，原則として，その中心線からの水平距離で（　　）後退した線がその道路の境界線とみなされる。
　　1）1m　　2）2m　　3）4m

(17) 下記の200m²の敷地に建築面積80m²，延べ面積120m²の2階建の住宅を建築する場合，当該建物の建ぺい率は（　　）である。

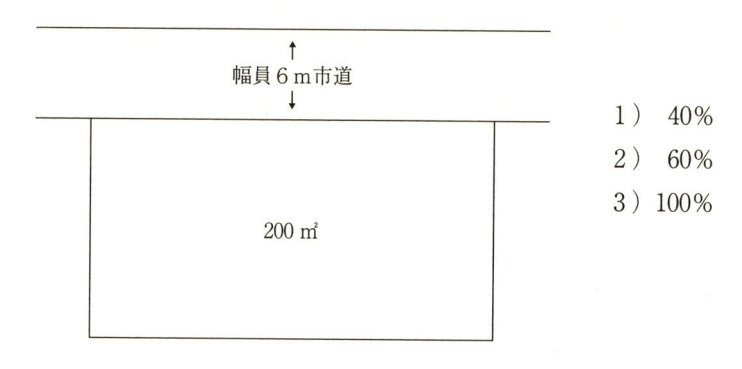

　　幅員6m市道

　　200m²

　　1）40％
　　2）60％
　　3）100％

(18) 不動産取得税は，（　　）により不動産を取得したときには課されない。
　　1）売買　　2）贈与　　3）相続

(15) 1) 媒介契約には，専属専任媒介，専任媒介，一般媒介がある。法令では専属専任媒介・専任媒介の**契約期間は3カ月以内**と定められている。

(16) 2) **2項道路**とは，幅員（道幅）が**4m未満**の道で建築基準法が施行されたときにすでに存在し，特定行政庁に指定を受ける道路をいう。幅員（道幅）が4m未満の道路は，道路の中心線から**2m**下がった線がその道路の境界線とみなされる。これを**セットバック**という。

(17) 1) 建ぺい率とは，**敷地面積に対する建築物の建築面積の割合**のことをいう。本問では，敷地面積200m^2，建築面積80m^{2}であるから，80m^2 ÷ 200m^2 × 100 = 40%となる。

(18) 3) **不動産取得税**は，不動産の所有権を取得したときに課される都道府県民税である。相続による不動産の取得や法人の合併・分割等による所得の場合は**非課税**となる。

(19) 投資総額8,000万円の賃貸用不動産の年間収入の合計額が900万円，年間費用の合計額が500万円であった場合，この投資の純利回り（NOI利回り）は，（　　　）である。
 1）5.00%　　　2）11.25%　　　3）12.00%

(19) 1)「利回り」であるから，投資金額に対する儲けの割合を求めればよい。儲けは 400 (=900 − 500) 万円，投資金額 8,000 万円であるから，5 ％ (=400 万円 ÷ 8,000 万円 × 100) となる。

第3回 問題 (2015年5月実施)

（1）法律上の納税義務者と実際に税金を負担する者が異なる税を間接税といい，間接税の例の1つとして，消費税が挙げられる。

（2）一時所得の金額は，その年中の一時所得に係る総収入金額からその収入を得るために支出した金額の合計額を控除し，その残額から特別控除額（最高50万円）を控除した金額であり，その金額が総所得金額に算入される。

（3）個人が賃貸アパートの敷地および建物を売却したことにより生じた所得は，不動産所得となる。

（4）人間ドックの受診費用は，その人間ドックによって特に異常が発見されなかった場合であっても，所得税における医療費控除の対象となる。

（5）少額投資非課税制度における非課税口座（NISA口座）内で生じた上場株式等の売買益や配当金等を非課税とするためには，所得税の確定申告が必要である。

第3回 解答・解説

(1) ○　税金には色々な分類がある。税金を負担する者を**担税者**というが，この担税者と納税者が一致する税を**直接税**といい，担税者と納税者が異なる税を**間接税**という。直接税には，所得税，法人税，相続税等が該当し，間接税には消費税，印紙税，酒税等が該当する。

(2) ×　一時所得の金額は，総収入－収入を得るための支出金額－特別控除**(50万円)**の算式によって求められる。**総所得金額に算入される金額**は，一時所得の金額に**2分の1**を乗じた金額となる。

(3) ×　「売却」により生じた所得は，**譲渡所得**に区分される。**不動産取得**は，地代，家賃，返還不要の権利金（敷金・保証金）などによって生じた所得が該当する。

(4) ×　人間ドックや健康診断の費用は，疾病の治療を行うものでないから，原則として**医療費控除の対象とはならない**。ただし，重大な疾病が見つかり，治療を行った場合には，人間ドックや健康診断の費用も医療費控除の対象となる点に注意する。

(5) ×　NISA口座内で生じた株式の売却益や配当金は，**非課税所得**となる。非課税所得ということは，その所得自体がなかったことになるため，申告を行う必要もない。売却益・配当金は非課税となるから，NISA口座で生じた**損失**は，他の所得と**通算**することができない。

（6）不動産の登記記録の権利部乙区には，抵当権や賃借権など，所有権以外の権利に関する登記事項が記録される。

（7）建築基準法の規定によれば，住宅は，工業専用地域内および工業地域内では建築することができない。

（8）賃貸借期間を1年未満とする定期建物賃貸借契約（定期借家契約）は，期間の定めがない賃貸借契約とみなされる。

（9）土地・家屋の固定資産税は，毎年4月1日現在における土地・家屋の所有者に対して課される。

（10）「居住用財産を譲渡した場合の3,000万円の特別控除の特例」の適用を受けるためには，適用を受けようとする者のその年分の合計所得金額が3,000万円以下でなければならない。

（11）所得税の配偶者控除の適用を受けるためには，その年分の配偶者の合計所得金額は（　　）以下でなければならない。
　　1）38万円　　　2）65万円　　　3）103万円

第 3 回問題（2015 年 5 月実施） | 93

（6） ○　不動産登記簿は，表題部と権利部から構成されており，そのうち，権利部は**甲区**と**乙区**に分かれている。甲区は所有権に関する事項，乙区には所有権以外に関する事項が記載されている。

（7） ×　建築基準法では，住居向きの地域・商業向きの地域・工業向きの地域として全部で 12 の区域に分けられ，**用途地域**が定められている。**住宅**については，工業専用地域を除くすべての地域において建築可能となっている。

（8） ×　**定期借家権**に基づく賃借契約では，契約期間は自由であり，1 年未満の契約期間も認められる。**普通借地権**に基づく賃貸契約では，契約期間は 1 年以上とされているので，1 年未満の期間を設定すると，期間の定めのない契約とみなされることになる。**借地権**も借家権も「普通」と「定期」の違いを覚えておく必要がある。

（9） ×　土地・家屋の固定資産税の納税義務者は，**1 月 1 日現在**，固定資産の所有者として固定資産課税台帳に登録されている者となる。法律上，年の途中で不動産を購入した人には固定資産税の納税義務はない。

（10） ×　居住用財産を譲渡した場合の **3,000 万円の特別控除の特例**に所有期間に関する適用要件はない。3,000 万円の特別控除の特例の適用要件については確認しておくこと。

（11） 1）　所得税の配偶者控除は，その年分の配偶者の合計所得金額が **38 万円以下**であることが要件となる。103 万円というのは，給与所得者の申告の有無の基準となる収入金額である。
　　　配偶者控除・配偶者特別控除の要件については，それぞれ確認しておくこと。

(12) 所得税において，平成24年1月1日以後に締結した生命保険契約の保険料に係る一般の生命保険料控除の控除額の上限は，（　　）である。
　　1）40,000円　　2）45,000円　　3）50,000円

(13) 所得税の住宅借入金等特別控除の適用を受けるためには，家屋の床面積は（　①　）以上で，かつ，その（　②　）以上に相当する部分がもっぱら自己の居住の用に供されるものでなければならない。
　　1）① 50m²　② 2分の1　　2）① 60m²　② 2分の1
　　3）① 60m²　② 3分の2

(14) 所得税において，（　　）の金額の計算上生じた損失の金額は，他の所得の金額と損益通算することができる。
　　1）雑所得　　2）事業所得　　3）一時所得

(15) 契約者（＝保険料負担者）が夫，被保険者が妻，死亡保険金受取人が夫である生命保険契約において，夫が受け取る死亡保険金は，（　　）の課税対象となる。
　　1）所得税　　2）贈与税　　3）相続税

(16)「建物の区分所有等に関する法律（区分所有法）」の規定によれば，集会においては，区分所有者および議決権の各（　　）以上の多数で，建物を取り壊し，当該敷地上等に新たな建物を建築する旨の決議（建替え決議）をすることができる。
　　1）3分の2　　2）4分の3　　3）5分の4

(12) 1) **生命保険料控除**は，一般の生命保険料控除，個人年金保険料控除，介護医療保険料控除の3つの控除から構成されている。所得税における最高控除額は**4万円**，3つの控除を合算する場合の最高控除額は**12万円**となる。

(13) 1) **住宅借入金等特別控除**の適用を受けるためには，**住宅の床面積50m² 以上**であり，床面積の**2分の1以上**の部分が専ら自己の居住用に使用するものであることが要件の1つとなる。

その他の要件として，**返済期間が10年以上**の借入金であること，住宅取得日から**6カ月以内に居住**すること，控除を受ける年の合計所得金額が**3,000万円以下**であることについても把握しておきたい。

(14) 2) **損益通算**とは，損失（赤字）と利益（黒字）を相殺することをいう。不動産所得・事業所得・山林所得・譲渡所得の4つの所得に生じた赤字については，要件を満たせば，他の黒字所得から差し引くことができる。本問題における雑所得・一時所得は損益通算できない。

(15) 1) 契約者（負担者）と保険金を受け取る者が異なる場合には，**相続税**や**贈与税**の課税対象になるが，本問のように，契約者（負担者）と受け取る者が同じ場合には，他社からの財産移転にはならないため，**所得税**の対象になる。

(16) 3) 区分所有法は，マンション等のルールについて定めた法律である。マンション等はたくさんの人が住む場所であるから，原則として，住民の多数決でマンション等に関するルールを決める。住民に重大な影響がある事柄については，**4分の3**または**5分の4**の賛成が必要とされている。

(17) 自宅を建築するため，所有する農地を宅地に転用する場合，原則として都道府県知事の許可が必要であるが，市街化区域内にある一定の農地については，あらかじめ（　　）へ届出をすれば都道府県知事の許可は不要である。
　　　1）市区町村　　　2）都道府県　　　3）農業委員会

(18) 土地・建物等を譲渡した場合の譲渡所得に係る税額の計算において，（　　）現在における譲渡資産の所有期間が5年を超えるものは，長期譲渡所得に区分される。
　　　1）譲渡の年の1月1日　　　2）譲渡契約の締結日
　　　3）譲渡の年の12月31日

(19) 「特定の居住用財産の買換えの場合の長期譲渡所得の課税の特例」の適用を受けるためには，譲渡資産の譲渡対価の額が（　　）以下でなければならない。
　　　1）6,000万円　　　2）1億円　　　3）1億5,000万円

(20) 投資総額6,000万円の賃貸用不動産の年間収入の合計額が600万円，年間費用の合計額が150万円であった場合，この投資の純利回り（NOI利回り）は，（　　）である。
　　　1）2.5%　　　2）7.5%　　　3）10.0%

(17) 3） 農地を農地以外に転用する場合，原則として，**都道府県知事に許可を得る必要がある**（農地法第4条）。市街化区域内の特例では，あらかじめ農業委員会に届け出を行えば，**都道府県知事の許可は不要**である。

(18) 1） 譲渡所得は，譲渡資産の所有期間に応じて**短期譲渡所得**と**長期譲渡所得**に区分される。土地・建物等の譲渡所得の場合は，取得した日から譲渡した日の属する年の1月1日までの所有期間が**5年以下**の場合は**短期**，**5年超**の場合は**長期**とされる。

(19) 2） **居住用財産の買換えに係る特例**は，譲渡した年の1月1日時点の**所有期間が10年超**で**居住期間10年以上**の居住用財産を譲渡し，新たに**50m²以上**の居住用財産を購入した場合の譲渡益に係る税金を繰り延べることのできる特例をいう。この特例を受ける場合の譲渡資産の対価は，**1億円以下**でなければならない。課税の繰延べは，課税を先送りするという意味であり，非課税になるわけではない点にも注意しよう。

(20) 2） 賃貸用不動産の純利回りであるから，**1年間の収益合計÷投資金額×100**で計算できる。
　　　利益は450（=600－150）万円，投資金額は6,000万円であるから，7.5%（=450万円÷6,000万円×100）となる。

第4回 問題 (2015年1月実施)

（1）一時所得の金額は，その年中の一時所得に係る総収入金額からその収入を得るために支出した金額の合計額を控除し，その残額から最高65万円の特別控除額を控除して算出する。

（2）公的年金等に係る雑所得の金額は，その年中の公的年金等の収入金額から公的年金等控除額を控除して算出する。

（3）納税者の配偶者が青色事業専従者として給与の支払を受けている場合，その配偶者は所得税における控除対象配偶者とならない。

（4）1カ所から給与等の支払を受けている者で，その給与等の額が一定額以下のため年末調整により所得税が精算されている者であっても，その年中の給与所得および退職所得以外の所得金額の合計額が10万円を超える場合は，所得税の確定申告をしなければならない。

第4回 解答・解説

(1) ×　一時所得の金額は，次の算式で求められる。

　　一時所得の金額＝総収入－収入を得るための支出金額－**特別控除**
　　　　　　　　　　　　　　　　　　　　　　　　　　　（50万円）

　この一時所得の金額は，他の所得と合算され，**総合課税**となる。その際，他の所得と合算される金額は，上記算式で求められた一時所得の金額の**2分の1**の金額となる。

(2) ○　その他の所得のいずれにも該当しない所得は，雑所得に分類される。雑所得には，**公的年金**や**企業年金**などの老齢給付や**原稿料**，**講演料**などが該当する。雑所得は，公的年金等とそれ以外の所得に分け，次の2つの算式により求められる。
　①　公的年金等に係る所得＝公的年金等収入額－**公的年金等控除額**
　②　公的年金等以外の所得＝公的年金等以外の総収入金額－**必要経費**
　雑所得は上記算式①＋②により算出される。

(3) ○　**青色事業専従者給与**とは，生計を一にしている配偶者その他親族に対する給与の額を必要経費に算入できる青色申告者の特典の1つである。青色事業専従者給与の対象となっている配偶者やその他親族は，配偶者控除・配偶者特別控除・扶養控除の適用がなくなる。

(4) ×　会社員でも，給与所得，退職所得以外の所得金額が**20万円**を超えている人は申告が必要である。その他にも，給与等の金額が**2,000万円以上**の場合，**2カ所**以上から給与を受けている場合等も確定申告が必要になる点をおさえておこう。

（5）建物の賃貸借契約（定期建物賃貸借契約を除く）において，1年未満の期間を賃貸借期間として定めた場合，期間の定めのない賃貸借契約とみなされる。

（6）建築基準法の規定により，工業地域では住宅を建築することができない。

（7）贈与による土地・建物の取得に対しては，不動産取得税が課されない。

（8）「居住用財産を譲渡した場合の3,000万円の特別控除の特例」の適用を受けるためには，譲渡の年の1月1日現在において，譲渡資産の所有期間が5年以上でなければならない。

（9）不動産所得の金額の計算における総収入金額には，敷金や保証金などのうち，返還を要しないものが含まれる。

（10）退職所得の金額の計算において，勤続年数10年で定年により退職した者の退職所得控除額は，「（　　　）×10年」の算式により求めることができる。
　　1）20万円　　　2）40万円　　　3）80万円

(5) ○　借家法では，**契約期間は1年以上**と定められており，**1年未満の契約期間を設定した場合には，期間の定めのないものとみなされる**ことになっている。定期借家権では1年未満の契約も有効である。普通借家権と定期借家権の違いに注意すること。

(6) ×　自分の土地だからと言って，好き勝手に利用すると生活環境が無茶苦茶になってしまうことから，地域ごとに土地の用途・容積・形態について制限が定められている。これが**用途地域**である。用途地域には，住宅系，商業系，工業系の定めがある。**住宅**については，**工業専用地域を除くすべての用地地域に建築しても良い**ことになっている。

(7) ×　**不動産取得税**は，不動産を取得した時に課される都道府県税である。不動産取得税は，相続による取得や法人の合併・分割等による取得の場合は非課税であるが，贈与の場合は課税される。

(8) ×　居住用財産を譲渡した場合の**3,000万円の特別控除**に所有期間や居住期間などの**要件はない**。

(9) ○　将来返還する予定のお金は，ただ預かっているだけであるため，将来返還するお金（敷金・保証金）は**収入金額に含めない**。

(10) 2)　良く出題される。勤続年数が20年超である場合，**退職所得控除**の計算式は，［800万円＋70万円×20万円超の部分の勤続年数］である。勤続年数20年以下の場合は，［40万円×勤続年数］で計算される。本問の場合は勤続年数が10年であるから，空欄に入る金額は40万円となる。

(11) 上場株式等に係る譲渡損失の金額は，(　　　)を選択した上場株式等に係る配当所得の金額と損益通算することができる。
　　1) 総合課税　　　2) 源泉分離課税　　　3) 申告分離課税

(12) 所得税の地震保険料控除の控除限度額は，(　　　)である。
　　1) 30,000円　　2) 40,000円　　3) 50,000円

(13) 所得税の住宅借入金等特別控除は，適用を受けようとする者のその年分の合計所得金額が(　　　)を超える場合は，適用を受けることができない。
　　1) 1,000万円　　2) 2,000万円　　3) 3,000万円

(14) その年1月16日以後新たに業務を開始した者で，その年分から所得税の青色申告の承認を受けようとする者は，業務を開始した日から(　　　)以内に，納税地の所轄税務署長に対して青色申告承認申請書を提出しなければならない。
　　1) 2週間　　2) 2カ月　　3) 3カ月

(15) 土地の固定資産税の課税標準となる価格の評価替えは，原則として，(　　　)に1度行われる。
　　1) 1年　　2) 2年　　3) 3年

(11) 3）　上場株式等を譲渡し，損失を被った場合には，受取配当金等と通算することができる。ただし，通算ができるのは，配当所得について**申告分離課税**を選択した場合である。

(12) 3）　所得税の**地震保険料控除**は，支払保険料**5万円**を限度にその全額とされている。ちなみに，住民税の場合は所得税の半額に相当する**2万5千円**が控除限度額となっている。

(13) 3）　住宅借入金等特別控除を受ける年の合計所得金額は**3千万円以下**でなければならない。
　　　住宅借入金等特別控除の適用要件については，借入金等の**返済期間が10年以上**である等，他の要件も確認すること。

(14) 2）　青色申告制度とは，一定の要件をみたす納税者は，所定の手続きを行うことにより，所得税の計算において特典を受けることのできる制度である。
　　　青色申告制度を受けるための承認期限は，原則として，承認を受けようとする年の3月15日までとなっている。ただし，**1月16日以後**に新たに開業して承認を受けようとする場合には，**業務開始の日から2カ月以内**となっている。

(15) 3）　土地の**固定資産税評価額の評価替え**は，原則として，**3年に一度**行われる。
　　　「公示価格」，「基準地価格」，「相続税評価額」，「固定資産税評価額」の4種類の価格それぞれの特徴をおさえておく必要がある。

(16) 都市計画区域にある幅員4m未満の道で，特定行政庁の指定により建築基準法上の道路とみなされるもの（いわゆる2項道路）については，原則として，その中心線からの水平距離で（　　　）後退した線がその道路の境界線とみなされる。
　　　1）2m　　　2）3m　　　3）4m

(17) 建築基準法の規定によれば，特定行政庁の指定する角地にある敷地に建築物を建築する場合，その敷地の（　　　）の上限は，都市計画で定められた値に10％が加算される。
　　　1）高さ制限　　　2）建ぺい率　　　3）容積率

(18) 土地を譲渡した場合の譲渡所得の金額の計算において，概算取得費として，譲渡収入金額の（　　　）相当額を取得費とすることができる。
　　　1）3％　　　2）5％　　　3）8％

(19) 投資総額1億円の賃貸用不動産の年間収入の合計額が1,000万円，年間費用の合計額が300万円である場合，この投資の純利回り（NOI利回り）は，（　　　）である。
　　　1）3％　　　2）7％　　　3）10％

(16) **1)** 建築基準法では，「都市計画区域内・準都市計画区域内の建築物の敷地は，原則として，建築基準法上の道路（自動車専用道路のぞく原則として幅員4m以上の道路）に2m以上接していなければならない」とされている。しかし，古くからある街では幅員4m未満の道路は多々ある。こうした**2項道路**については，道路の中心線から2m下がった線がその道路の境界線とみなされる。これを**セットバック**という。

(17) **2)** **建ぺい率**とは，敷地面積に対する建築面積をいう。**容積率**とは，敷地面積に対する各階の床面積合計をいう。**角地**について**10%加算の緩和規定**があるのは建ぺい率だけであり，さらに建ぺい率の場合は，防火地域内にある耐火建築物も10%加算の緩和規定がある。

建ぺい率と容積率の区別をしっかりと把握する必要がある。

(18) **2)** 譲渡所得における譲渡資産の価格について，土地を購入した際の価格が不明である場合は，**概算取得費**というものを用いて譲渡所得の金額を計算することができる。概算取得費の額は，**譲渡収入価格×5%**で計算される。

(19) **2)** 不動産投資の純利回りであるから，**投資金額に対する1年間の儲けの割合**を計算すればよい。儲けた金額は，700（=1,000－300）万円，投資額が1億円であるから，7%（=700万円÷1億円×100）となる。

《著者紹介》

井上行忠（いのうえ・ゆきただ）担当：第1章
国士舘大学大学院経営学研究科博士課程単位取得退学。
嘉悦大学経営経済学部教授。

主要著書
『会計ファイナンシャル検定 オフィシャルテキスト』（共著）税務経理協会，2011年。
『全経簿記検定2・3級問題集』（単著）創成社，2014年。
『租税法入門』（共著）同文舘出版，2016年。

森谷智子（もりや・ともこ）担当：第2章
明治大学大学院経営学研究科博士後期課程修了 博士（経営学）。
嘉悦大学経営経済学部准教授。

主要著書
『テキスト経営分析』（共著）税務経理協会，2014年。
『テキスト財務管理論［第5版］』（共著）中央経済社，2015年。
『テキスト現代企業論［第4版］』（共著）同文舘出版，2015年。

酒井翔子（さかい・しょうこ）担当：第3章
国士舘大学大学院経済学研究科博士課程修了 博士（経済学）。
嘉悦大学経営経済学部専任講師。

主要著書
『租税法入門』（共著）同文舘出版，2016年。

（検印省略）

2016年4月20日 初版発行　　　　　　　　　　略称 ― FP検定

FP技能検定〈学科試験〉
3級完全攻略問題集

著　者　井上行忠・森谷智子・酒井翔子
発行者　塚田尚寛

発行所　東京都文京区　　株式会社　創　成　社
　　　　春日2-13-1
　　　　電　話03（3868）3867　　FAX03（5802）6802
　　　　出版部03（3868）3857　　FAX03（5802）6801
　　　　http://www.books-sosei.com　　振替00150-9-191261

定価はカバーに表示してあります。

©2016 Yukitada Inoue　　　組版：トミ・アート　印刷：S・Dプリント
ISBN978-4-7944-2475-4 C3034　製本：宮製本所
Printed in Japan　　　　　　落丁・乱丁本はお取り替えいたします。

--- 経営選書 ---

FP技能検定＜学科試験＞3級完全攻略問題集	井上　行忠／森谷　智子／酒井　翔子	著	1,300円
投資初心者のための資産運用	藤波　大三郎	著	1,600円
経営戦略の探求 ―ポジション・資源・能力の総合理論―	白石　弘幸	著	2,700円
やさしく学ぶ経営学	海野　博／畑　　隆	編著	2,600円
豊かに暮らし社会を支えるための 教養としてのビジネス入門	石毛　宏	著	2,800円
テキスト経営・人事入門	宮下　清	著	2,400円
東北地方と自動車産業 ―トヨタ国内第3の拠点をめぐって―	折橋　伸哉／目代　武史／村山　貴俊	編著	3,600円
おもてなしの経営学［実践編］ ―宮城のおかみが語るサービス経営の極意―	東北学院大学経営学部おもてなし研究チーム／みやぎ　おかみ会	編著協力	1,600円
おもてなしの経営学［理論編］ ―旅館経営への複合的アプローチ―	東北学院大学経営学部おもてなし研究チーム	著	1,600円
おもてなしの経営学［震災編］ ―東日本大震災下で輝いたおもてなしの心―	東北学院大学経営学部おもてなし研究チーム／みやぎ　おかみ会	編著協力	1,600円
転職とキャリアの研究 ―組織間キャリア発達の観点から―	山本　寛	著	3,200円
昇進の研究 ―キャリア・プラトー現象の観点から―	山本　寛	著	3,200円
経営財務論	小山　明宏	著	3,000円
イノベーションと組織	首藤　禎史／伊藤　友章／平安山英成	訳	2,400円
経営情報システムとビジネスプロセス管理	大場　允晶／藤川　裕晃	編著	2,500円

(本体価格)

創成社